BESTACTIVITYBOOKS.COM

ERSTE AUSGABE - Veröffentlicht 2022

Extra Grafikmaterial von: www.freepik.com
Dank an: Alekksall, Starline, Pch.vector, Rawpixel.com, Vectorpocket, Dgim-studio, Upklyak, Macrovector, Stockgiu, Pikisuperstar & Freepik.com Designers

5 TIPPS FÜR DEN ANFANG!

1) LÖSUNG DER RÄTSEL

Die Puzzles haben ein klassisches Format :

- Die Wörter sind ohne Abstand, Bindetrich usw… versteckt
- Richtung : vor-& rückwärts, auf & ab oder in der Diagonale (beider Richtungen)
- Die Wörter können übereinanderliegen oder sich kreuzen

2) AKTIVES LERNEN

Neben jedem Wort ist ein Abstand vorgesehen zum Aufschreiben der Übersetzung. Um ihre Kenntnisse zu überprüfen und zu erweitern befindet sich am Ende des Buches ein **WÖRTERBUCH**. Suchen sie die Übersetzungen, schreiben sie sie auf, dann können sie sie in den. Puzzles suchen und ihrem Wortschatz hinzufügen.

3) ANZEICHNUNG DER WÖRTER

Haben sie schon einmal versucht eine Anzeichnung zu verwenden? Sie könnten zum Beispiel die Wörter, die schwer zu finden sind, ankreuzen, die Wörter, die sie lieben, mit einem Stern, neue Wörter mit einem Dreieck, seltene Wörter mit einem Diamant usw … anzeichnen

4) IHR LERNEN ORGANISIEREN

Am Ende dieser Ausgabe bieten wir auch ein praktisches **NOTIZBUCH** an. Ob im Urlaub, auf Reisen oder zu Hause, sie können ihr neues Wissen ganz einfach organisieren, ohne ein zweites Notizbuch zu benötigen!

5) SIND SIE AM SCHLUSS ?

Gehen sie zum Bonusbereich : **MONSTER-HERAUSFÖRDERUNG,** um ein kostenloses Spiel zu finden, das am Ende dieser Ausgabe angeboten wird !

Lust auf mehr Spaß und Lernaktivitäten? Schnell und einfach :
eine ganze Spielbuchsammlung mit einem einzigen Klick erhaltbar :

Mit diesem Link finden sie ihre nächste Herausforderung :

BestActivityBooks.com/MeineNachsteWortsuche

Achtung, fertig, ... Los !!

Wussten sie, dass es auf der Welt ungefähr 7.000 verschiedene Sprachen gibt ? Wörter sind kostbar.

Wie lieben Sprachen und haben schwer daran gearbeitet, die Bücher von höchster Qualität für sie zu entwerfen. Unsere Zutaten ?

Eine Auswahl von angepassten Lernthemen, drei große Scheiben Spaß, dann fügen wir einen Löffel schwieriger Wörter und eine Prise seltener Wörter hinzu. Wir servieren sie mit Sorgfalt und ein Maximum an Freude, damit sie die besten Wortspiele lösen und Spaß am Lernen haben.

Ihre Meinung ist wichtig. Sie können aktiv zum Erfolg dieses Buches beitragen, indem sie uns eine Bemerkung hinterlassen. Sagen sie uns, was ihnen an dieser Ausgabe am besten gefallen hat !!

Hier ist ein kurzer Link, der sie zu ihrer Bewertungsseite führt

BestBooksActivity.com/Rezension50

Vielen Dank für ihre Hilfe und viel Spaß

Linguas Classics

1 - Gesundheit und Wellness #2

ด	ย	ี	ร	ค	เ	ม	า	ว	ค	ฟ	ค	ร	ป	ฝ	ด
ศ	ย	ท	ต	ร	ว	ร	น	อ	น	า	ง	ง	ั	ล	พ
อ	ค	น	ล	โ	ส	า	ฟ	ผ	ห	ฬ	ฝ	ไ	ภ	า	ส
อ	า	ห	า	ร	ฝ	ก	ม	ส	ป	ี	ข	ศ	ู	บ	ุ
น	ค	ม	ศ	ว	ว	า	ธ	เ	ล	ก	ค	ผ	ม	า	ข
ท	ั	ว	ไ	เ	ด	น	ห	ภ	ส	ศ	ซ	ด	ิ	ย	อ
ม	ษ	ำ	า	ฉ	ม	ช	ไ	า	ศ	ี	ซ	ภ	แ	พ	น
ป	ถ	ภ	ห	ม	ป	ภ	อ	ห	ข	ะ	่	ซ	พ	ง	า
น	ญ	ม	ท	น	ก	โ	จ	ง	ท	ไ	ี	ย	้	ร	ม
ช	น	ซ	ค	บ	ั	ร	อ	ณ	ภ	พ	ร	ล	ง	โ	ั
ต	ว	พ	ฝ	เ	แ	ก	ะ	ม	ซ	ล	อ	เ	ไ	ม	ย
า	ด	เ	ซ	ค	ง	ศ	ม	ห	อ	ถ	ล	ภ	บ	ด	พ
ธ	อ	แ	ข	็	ง	แ	ร	ง	า	ท	ค	ค	แ	ฉ	ช
ภ	ี	ว	ิ	ต	า	ม	ิ	น	ธ	ย	แ	ข	ห	ไ	ฉ
ท	ล	ก	ป	ฟ	ก	า	ร	ต	ิ	ด	เ	ช	ื	้	อ
ไ	เ	พ	ั	น	ธ	ุ	ศ	า	ส	ต	ร	์	ม	ช	ภ

ภูมิแพ้
ความกระหาย
เลือด
อาหาร
พลังงาน
โภชนาการ
พันธุศาสตร์
แข็งแรง
น้ำหนัก
สุขอนามัย
การติดเชื้อ
แคลอรี่
โรงพยาบาล
โรค
นวด
ความเสี่ยง
นอน
กีฬา
ความเครียด
วิตามิน

2 - Ozean

เ	พ	า	ย	◌ุ	ป	ป	ป	ท	น	ป	ท	ญ	ศ	ธ	ย
ฝ	ก	บ	ณ	า	ล	ป	◌ู	◌ู	◌้	ล	ธ	ภ	น	ผ	บ
เ	ย	ล	ด	ห	า	ล	ป	น	◌ำ	า	◌่	ต	เ	ณ	น
เ	ไ	น	◌ี	ก	ห	า	า	◌่	ข	โ	ม	ป	ญ	ะ	ศ
เ	ฉ	ธ	ฝ	อ	ม	ว	ห	า	◌ี	ล	ว	ณ	ะ	ง	ช
ณ	ย	เ	ห	◌ี	◌ึ	ด	า	ช	◌้	ม	ช	เ	ฟ	ม	ย
น	ซ	ไ	เ	ร	ก	ร	ม	ฬ	น	า	ธ	อ	จ	พ	ะ
◌ุ	ล	ศ	ก	เ	ย	ย	ต	ศ	น	ป	ล	า	ไ	ห	ล
ร	◌ี	ฟ	◌ุ	ผ	◌ั	ต	ซ	แ	◌้	ฉ	ล	า	ม	ษ	ง
พ	ฟ	บ	◌้	ส	ก	น	ซ	ม	◌ำ	จ	ถ	ท	ซ	ณ	แ
ะ	ด	อ	ง	ะ	ษ	ห	ก	ะ	ล	า	ฉ	ว	ถ	ษ	ไ
ก	ร	ถ	ง	เ	◌์	ภ	ไ	น	ง	แ	ต	ธ	ด	อ	ต
ง	ข	ศ	ญ	น	ฟ	ห	อ	ย	น	า	ง	ร	ม	ธ	ณ
ม	ะ	ถ	ศ	ช	◌้	ป	ะ	ก	า	ร	◌ั	ง	า	บ	ฟ
แ	ท	ศ	ญ	ค	อ	◌ำ	ค	ล	◌ี	◌่	น	ย	ป	ต	ป
ศ	ผ	จ	ส	ว	น	อ	ฟ	ห	ต	ฝ	อ	ต	ย	ไ	ส

ปลาไหล
หอยนางรม
เรือ
ปลาโลมา
ปลา
กุ้ง
น้ำขึ้นน้ำลง
ฉลาม
ปะการัง
ปู
ปลาหมึกยักษ์
แมงกะพรุน
รีฟ
เกลือ
เต่า
ฟองน้ำ
พายุ
ทูน่า
วาฬ
คลื่น

3 - Krankheit

ภ	ก	ร	◌่	า	ง	ก	า	ย	แ	ง	ษ	เ	า	ข	ค
พ	◌ู	ก	ก	ก	ก	ป	ฟ	ฉ	บ	ไ	ง	ก	ฟ	ว	พ
ม	ด	ม	ร	ด	โ	น	◌ิ	ซ	ค	ห	ร	ผ	น	ย	อ
ภ	ะ	โ	◌ิ	ท	◌้	อ	ง	ส	ท	ฉ	◌ั	ช	ณ	ฉ	◌่
โ	ร	ร	ก	ค	ธ	ถ	ต	ด	◌ี	ญ	อ	ว	ต	ฟ	อ
ร	ก	ค	า	ว	◌ุ	พ	ไ	อ	เ	ผ	◌้	ไ	ไ	ค	น
ค	ก	ต	ร	ไ	◌์	◌้	ด	ป	ร	ห	◌ี	ผ	ษ	จ	แ
ป	า	◌ิ	อ	ม	น	แ	ม	บ	◌ี	ไ	ร	ซ	ส	ธ	อ
ร	ร	ด	◌ั	ภ	◌ั	ม	ษ	ก	ย	ข	เ	ศ	น	ผ	ญ
ะ	บ	ต	ก	ค	พ	◌ิ	ย	◌ั	◌ั	ห	ไ	ซ	น	◌ั	ส
ส	◌ำ	◌่	เ	ะ	ม	◌ู	พ	ว	พ	น	า	น	บ	แ	ต
า	บ	อ	ส	ถ	ร	ภ	า	ย	ม	ษ	ธ	ย	ล	ผ	น
ท	◌ั	า	บ	ล	ร	ฟ	ภ	◌่	ศ	ษ	ถ	ช	ไ	ข	ญ
พ	ด	ล	ณ	า	ก	ฟ	ข	◌ี	ญ	ข	แ	ม	ย	จ	ผ
ท	า	ง	พ	◌ั	น	ธ	◌ุ	ก	ร	ร	ม	ม	ษ	ส	ไ
ห	ช	า	ป	ธ	ฟ	ซ	ส	เ	แ	า	ฝ	ว	ค	ย	ญ

ท้อง
ภูมิแพ้
โรคติดต่อ
หายใจ
แบคทีเรีย
เรื้อรัง
การอักเสบ
กรรมพันธุ์
ทางพันธุกรรม
สุขภาพ
หัวใจ
ภูมิคุ้มกัน
กระดูก
ร่างกาย
โรคประสาท
เกี่ยวกับปอด
อ่อนแอ
ไซนัส
ซินโดรม
การบำบัด

4 - Meditation

ค	ธ	ธ	พ	ง	า	ธ	ช	ญ	ค	ล	ส	ณ	ก	ค	ฟ
ว	◌ี	ร	ต	น	ด	ภ	ย	ม	ว	ไ	◌ั	ก	า	ว	แ
า	ป	ะ	ร	ว	ย	ก	ส	◌ุ	า	ห	น	า	ร	า	ซ
ม	ค	ฝ	ท	ม	ง	ไ	ห	ม	ม	ธ	ต	ร	เ	ม	ธ
ช	ห	ว	เ	ะ	ช	ซ	า	ม	ส	ญ	◌ิ	ห	ค	เ	ไ
◌ั	ฉ	บ	า	ป	ต	า	น	อ	◌ุ	ษ	ภ	า	ล	ง	ค
ด	ม	ญ	ห	ม	ญ	ไ	ต	ง	ข	ค	า	ย	◌ี	◌ี	ว
เ	ฟ	บ	ห	ย	เ	ฉ	◌ิ	◌ิ	ะ	ว	พ	ไ	◌่	ย	า
จ	เ	ผ	บ	อ	บ	ม	จ	ม	ต	า	ไ	จ	อ	บ	ม
น	ญ	ล	ธ	ถ	ไ	อ	ต	น	ง	ม	น	ฉ	น	ง	ก
◌่	อ	ะ	ต	ย	ป	ง	ค	ต	ต	ค	ไ	จ	ไ	ส	ต
◌ี	ว	ส	า	ก	ป	า	จ	อ	า	◌ิ	ฝ	ก	ห	จ	◌ั
ต	ไ	ป	◌ำ	ข	ป	ภ	บ	ไ	ล	ด	ศ	แ	ว	ฝ	ญ
ม	ถ	ซ	ย	ค	ก	า	ร	ย	อ	ม	ร	◌ั	บ	ท	ญ
ร	เ	ร	◌ี	ย	น	ร	◌ู	◌้	ฟ	ท	ป	จ	ข	ย	◌ู
ค	ว	า	ม	ส	น	ไ	จ	ณ	ซ	ช	ต	ผ	พ	อ	ภ

การยอมรับ
การหายใจ
ความสนใจ
การเคลื่อนไหว
ความกตัญญู
ความเมตตา
สันติภาพ
ความคิด
จิต
ความสุข
ความชัดเจน
คำสอน
เรียนรู้
ดนตรี
ธรรมชาติ
มุมมอง
สงบ
ความเงียบ
ใจ
ตื่น

5 - Archäologie

ห	ห	ท	ฟ	ญ	า	น	ต	ะ	ค	ศ	ธ	อ	ไ	ค	ฉ
ก	ล	เ	ร	ฟ	ญ	ล	ด	ช	ว	า	ม	า	ข	ช	ก
ข	า	ุ	ก	ร	ะ	ด	ู	ก	า	ส	ป	ร	พ	ไ	า
อ	ค	ร	ม	ท	ล	ั	ฝ	ส	ม	ต	ล	ย	ช	ม	ร
ง	ข	ฝ	ป	ฝ	บ	ว	พ	ว	ล	ร	ี	ธ	ณ	่	ว
ท	ณ	จ	อ	ร	ั	ซ	ษ	แ	ึ	า	ม	ร	ฉ	ท	ิ
ี	ฝ	ณ	ว	ะ	ะ	ง	ล	ง	ก	จ	ฉ	ร	า	ร	เ
่	ธ	ย	ด	ข	ค	เ	ศ	า	ล	า	ป	ม	ะ	า	ค
ร	ฟ	ฟ	ญ	ค	ุ	ย	ม	พ	ั	ร	แ	น	ค	บ	ร
ะ	อ	ฝ	ช	ป	ไ	จ	ไ	ิ	บ	ย	ฉ	ห	อ	อ	า
ล	ส	ย	ถ	ุ	ต	ั	ว	ท	น	์	ฝ	ต	ณ	ไ	ะ
ึ	ซ	ผ	ญ	า	ช	ว	ย	ช	ี	่	เ	้	ู	ผ	ห
ก	ิ	พ	ด	ก	ค	ิ	ย	ถ	ไ	ม	ผ	จ	แ	ล	์
พ	ล	ะ	ซ	ข	ฝ	ก	ส	ม	ั	ย	โ	บ	ร	า	ณ
โ	บ	ร	า	ณ	พ	ั	ล	ู	ก	ห	ล	า	น	ฟ	บ
ธ	แ	อ	เ	ฟ	น	น	ญ	ณ	ภ	ก	ล	แ	ง	ต	ส

การวิเคราะห์
สมัยโบราณ
การประเมิน
ยุค
ผู้เชี่ยวชาญ
นักวิจัย
ฟอสซิล
ความลึกลับ
หลุมฝังศพ
กระดูก
ทีม
ลูกหลาน
วัตถุ
ศาสตราจารย์
ของที่ระลึก
วัด
ไม่ทราบ
โบราณ
ลืม
อารยธรรม

6 - Insekten

ข	ฝ	จ	พ	ส	ต	แ	ต	น	แ	เ	ย	ว	น	ม	ป
เ	ห	◌็	บ	ต	◌ั	ณ	แ	ง	ม	ว	◌ุ	ศ	ป	เ	ล
ม	ผ	ญ	ฟ	◌่	ว	ซ	ม	ง	ล	อ	ง	ว	◌้	ด	ว
ศ	อ	ก	ฉ	อ	อ	ท	ล	ง	ง	ธ	ว	ไ	ษ	ศ	ก
พ	ค	ด	ไ	ธ	◌่	ญ	ง	อ	ส	◌ื	◌้	เ	◌ี	ผ	ข
ผ	ผ	ฉ	ภ	พ	อ	แ	ป	ท	า	ณ	ษ	ท	ม	ซ	ธ
ใ	ท	ป	ล	น	น	อ	อ	า	บ	ใ	ะ	ค	ฝ	ป	เ
ต	ส	ผ	พ	ต	ข	ด	า	◌่	ร	ภ	ต	ซ	ด	ก	เ
ณ	◌ั	ย	ใ	แ	ซ	ส	ซ	ต	ต	อ	ษ	ว	น	ฝ	ซ
น	ะ	◌๊	ห	น	อ	น	ฝ	เ	ง	ม	ะ	เ	ใ	ว	ศ
ญ	ธ	ย	ก	ต	ซ	ส	ศ	ส	ฟ	ษ	ด	ไ	ท	ห	ต
บ	ธ	ใ	พ	แ	ร	บ	ไ	บ	ง	อ	ง	ท	ธ	า	น
ซ	ท	ส	ท	ง	ต	ผ	◌ึ	◌้	ง	ผ	ข	ด	ถ	ภ	เ
ะ	ก	ฉ	ห	ก	ษ	น	จ	◌ั	◌่	ก	◌ั	จ	ต	ฉ	น
ไ	ร	เ	พ	ล	◌ี	◌้	ย	ฝ	พ	แ	ค	ฟ	พ	ด	ผ
พ	ศ	ฟ	ว	ค	ป	ใ	น	ศ	ธ	ซ	ญ	จ	ต	ญ	ท

มด
ผึ้ง
เพลี้ย
เห็บ
กงแตนแตน
ตั๊กแตน
แตน
แมลงสาบ
ด้วง
ตัวอ่อน
แมลงปอ
เต่าทอง
มอด
ยุง
ผีเสื้อ
ปลวก
ต่อ
หนอน
จักจั่น

7 - Gesundheit und Wellness #1

แ	แ	พ	ญ	จ	า	แ	บ	ค	ต	ท	ช	ซ	ต	ย	เ
เ	บ	ห	ม	อ	ช	ต	า	ว	ฟ	า	ภ	ซ	ต	ด	ส
ย	ค	ค	ท	ต	แ	ก	ด	า	อ	ง	ส	แ	ท	ั	้
ย	แ	ล	ท	ฟ	ไ	ห	เ	ม	ผ	ก	ง	ท	ม	บ	น
ญ	า	ะ	่	ี	ก	ั	จ	ส	ิ	า	ห	ไ	ช	ำ	ป
ก	ฟ	ป	ร	อ	เ	ก	็	ู	ว	ร	ว	ฝ	ไ	บ	ร
น	ิ	ส	ั	ย	ง	ร	บ	ง	เ	แ	แ	ฟ	ง	ร	ะ
ิ	ก	ค	ษ	ศ	ธ	แ	ี	ส	ห	พ	ศ	เ	ภ	า	ส
ิ	า	ว	ข	ท	ต	ค	ค	ย	ย	ท	า	ร	ธ	ก	า
ล	ร	า	ไ	ว	ร	ั	ส	ล	ข	ย	ฝ	ถ	จ	ร	ท
ค	ร	ม	ย	ภ	น	ไ	ะ	พ	่	์	ซ	ร	ไ	ะ	ค
ไ	ั	ห	ซ	ว	ฝ	ภ	ะ	ะ	ท	ว	ย	ณ	ไ	ด	ไ
ล	ก	ิ	ต	ศ	ศ	พ	ไ	ะ	ต	ฝ	จ	ฉ	ไ	ู	ษ
ไ	ษ	ว	ส	ะ	ท	้	อ	น	ส	ช	ง	ช	ผ	ก	อ
ล	า	ย	ย	า	ข	น	า	้	ร	ส	ธ	เ	ณ	ช	ธ
ว	น	ข	ญ	ล	บ	ผ	่	อ	น	ค	ล	า	ย	ว	า

คล่องแคล่ว
ร้านขายยา
หมอ
แบคทีเรีย
การรักษา
ผ่อนคลาย
แตกหัก
นิสัย
ผิว
ความสูง
ความหิว
คลินิก
กระดูก
ยา
ทางการแพทย์
เส้นประสาท
สะท้อน
การบำบัด
บาดเจ็บ
ไวรัส

8 - Obst

ษ	แ	ห	ท	ภ	ฉ	ะ	ย	ท	ก	แ	ง	ป	ว	ร	ย
ม	◌ั	ล	พ	อ	ฝ	ถ	ส	ษ	บ	ท	ต	ด	แ	า	เ
ญ	ะ	แ	ค	แ	ณ	ต	ข	ส	ศ	ส	ไ	ม	อ	ส	จ
น	ช	ล	◌้	◌ิ	ป	เ	ป	อ	แ	ล	ค	ฝ	ป	เ	ป
อ	ว	ฝ	ะ	ค	ล	ไ	ธ	ศ	อ	น	ร	ง	ร	บ	า
ล	า	ผ	น	ก	ม	ะ	พ	ร	◌้	า	ว	ผ	◌ิ	อ	น
ม	น	โ	เ	ซ	อ	บ	ะ	ภ	ส	ว	ถ	ย	ค	ร	ล
เ	ะ	บ	ว	ช	เ	น	ค	ท	า	ร	◌ี	น	อ	◌์	◌ู
ะ	ม	จ	บ	ค	อ	ส	◌ั	ป	ป	ะ	ร	ด	ท	ร	ก
า	น	บ	ม	ภ	า	ร	◌ี	◌่	◌์	ร	อ	บ	เ	◌ี	แ
ก	ล	◌้	ว	ย	ศ	โ	◌์	า	ม	ข	ไ	จ	แ	◌่	พ
ษ	ษ	ช	◌ี	พ	พ	อ	ด	ร	ฝ	เ	ด	ป	ป	ะ	ร
ฟ	แ	น	◌่	◌ุ	ง	อ	ย	ข	◌ี	ไ	ด	บ	ไ	พ	◌์
ส	◌้	ม	◌ี	ม	ห	พ	ม	ธ	อ	◌่	แ	พ	ฝ	ก	ย
ะ	ศ	ด	ก	พ	ไ	ผ	ช	เ	น	ว	ม	ไ	ถ	ส	ว
แ	บ	ล	◌็	ก	เ	บ	อ	ร	◌์	ร	◌ี	◌่	ย	ส	แ

สัปปะรด
แอปเปิ้ล
แอปริคอท
อาโวคาโด
กล้วย
เบอร์รี่
ลูกแพร์
แบล็กเบอร์รี่
ราสเบอร์รี่
เชอร์รี่
กีวี่
มะพร้าว
เมลอน
เนคทารีน
ส้ม
มะละกอ
พีช
พลัม
องุ่น
มะนาว

9 - Camping

ภ	ญ	ส	ห	ผ	เ	ห	◌้	า	ง	ษ	เ	ซ	จ	ล	เ
ณ	◌ู	ห	ฟ	ด	ช	ส	ท	◌่	บ	แ	ต	ช	ก	◌่	ส
ง	เ	เ	ป	ม	◌ี	ง	แ	ป	เ	ม	◌็	ก	ส	า	ภ
ส	ก	เ	ข	บ	อ	ต	ะ	ฉ	ไ	ล	น	ส	น	ส	ธ
ส	แ	ข	ท	า	ก	ซ	ช	ผ	ผ	ง	ท	แ	◌ุ	◌ั	ไ
อ	ค	◌็	ภ	ส	ช	ว	ศ	ฉ	ต	ค	◌์	ผ	ก	ต	ษ
ญ	ไ	ม	บ	ล	ช	น	ม	ช	ส	บ	ส	น	ภ	ว	ไ
เ	ข	ท	ง	เ	ญ	ค	◌้	ห	ธ	ท	◌ั	ท	ซ	◌์	ผ
ถ	ซ	◌ิ	ล	ะ	ว	ท	ไ	ข	ช	เ	ต	◌ี	ธ	ย	ป
เ	ย	ศ	ถ	ท	น	จ	น	ธ	ก	ป	ว	◌่	ษ	ป	ง
น	ห	ว	ง	ค	ว	จ	◌้	ไ	ป	ล	◌์	เ	ส	ไ	ห
ภ	ผ	ถ	ว	ข	จ	า	ต	น	ฟ	ญ	ท	ช	ฉ	ถ	ศ
ด	ว	ง	จ	◌ั	น	ท	ร	◌์	ห	ว	ภ	เ	ป	ณ	ค
ซ	ธ	ร	ร	ม	ช	า	ต	◌ิ	า	น	ร	ต	ย	ษ	ป
ล	แ	ค	น	◌ู	ก	า	ร	ผ	จ	ญ	ภ	◌ั	ย	ห	ว
ด	ษ	แ	ฝ	า	ห	ฉ	ผ	ข	ท	ธ	ว	ฉ	บ	ท	ร

การผจญภัย
ต้นไม้
ภูเขา
ไฟ
เปลญวน
หมวก
แมลง
ล่าสัตว์
ห้าง
แคนู
แผนที่
เข็มทิศ
ดวงจันทร์
ธรรมชาติ
ทะเลสาบ
เชือก
สนุก
สัตว์
ป่า
เต็นท์

10 - Zeit

ท	ฟ	ฉ	ไ	ย	เ	เ	ฟ	ซ	ข	ป	ว	น	พ	ะ	จ
ธ	ศ	ต	แ	ซ	ม	ท	เ	ฉ	า	ร	ล	ไ	ไ	ช	ด
น	◌ั	ว	ย	แ	ค	◌ี	ส	อ	อ	ะ	ข	อ	ม	ะ	ศ
อ	า	ธ	ร	ย	ช	◌่	ท	ก	ป	จ	ณ	ล	ค	ญ	ล
◌ี	◌้	ฬ	ฝ	ร	แ	ย	บ	ส	ท	◌ำ	ศ	บ	ท	อ	ผ
ด	ช	อ	◌ิ	ะ	ษ	ง	ข	ง	ค	ป	ศ	ก	ณ	น	ซ
เ	เ	น	ผ	ก	ญ	พ	บ	ซ	น	◌ี	◌้	น	◌ั	ว	ว
ศ	ท	า	า	า	า	ง	ย	ส	ด	ะ	ป	ซ	ฟ	ก	บ
ฉ	ญ	ค	ค	จ	ต	อ	น	น	◌ี	◌้	น	า	ท	◌ี	ส
ย	พ	ต	ต	ง	ช	◌ั	◌่	ว	โ	ม	ง	ด	ง	ร	◌ั
ภ	น	ภ	ค	◌ั	ก	ร	ญ	ง	ส	พ	ล	ว	ห	ร	ป
ห	ส	ซ	ษ	ล	เ	แ	ษ	ณ	อ	ล	น	ร	ศ	แ	ด
แ	ซ	ซ	ร	ห	จ	ต	ษ	ค	ภ	จ	ย	ต	ษ	ถ	า
ก	◌่	อ	น	า	ว	อ	◌่	◌ื	ม	เ	ะ	ค	ภ	ซ	ห
ป	ฏ	◌ิ	ท	◌ิ	น	ศ	ต	ว	ร	ร	ษ	ญ	ช	ง	◌์
แ	ต	ด	ส	ม	ฝ	ก	ล	า	ง	ค	◌ื	น	ด	ห	ซ

เมื่อวาน
วันนี้
ปี
ศตวรรษ
ทศวรรษ
ประจำปี
ตอนนี้
ปฏิทิน
นาที
เที่ยง
เดือน
เช้า
หลังจาก
กลางคืน
ชั่วโมง
วัน
นาฬิกา
ก่อน
สัปดาห์
อนาคต

11 - Säugetiere

ภ	ล	ะ	แ	า	ร	ว	ล	ธ	น	ภ	ผ	ต	ห	ถ	ว
ม	ม	น	ก	ห	ม	า	ล	ล	◌ิ	ร	อ	ก	ม	ต	า
เ	◌้	ษ	ะ	ฟ	า	ร	◌ี	ย	ญ	พ	ส	ง	า	ท	ฬ
ช	น	า	แ	◌็	ส	บ	า	ก	ห	ช	ง	ฉ	ป	เ	ไ
ห	ธ	◌ำ	ด	อ	◌ี	ส	เ	ช	ท	ฟ	ศ	ร	◌่	แ	ภ
บ	น	ว	ป	ก	เ	ส	◌ี	อ	ศ	ย	ท	ถ	า	ฉ	บ
ต	ญ	ณ	ห	ซ	ณ	จ	พ	บ	า	พ	ช	ไ	ซ	ผ	ไ
ต	ท	เ	ญ	◌์	จ	◌ิ	ง	โ	จ	◌้	◌้	ส	ช	ม	แ
ฝ	เ	ส	ใ	ช	ห	ถ	บ	ไ	ศ	ข	า	า	น	ป	ฟ
ณ	จ	◌ิ	จ	ญ	ต	ป	◌ี	ด	ะ	ท	ง	ษ	ว	ถ	พ
บ	ณ	ง	◌ิ	ล	ศ	ใ	เ	ม	โ	ค	โ	ย	ต	◌ี	◌้
แ	ร	โ	ภ	น	ถ	ผ	ว	ศ	ห	โ	ม	า	ร	ม	ไ
ไ	ห	ต	ค	ถ	ณ	ใ	อ	ร	ว	ต	ง	ล	ก	จ	พ
ต	อ	น	ฉ	ท	ร	ซ	ร	ฝ	ช	ญ	ก	า	ธ	ป	ซ
ข	ว	อ	◌ู	ฝ	ภ	ฟ	◌์	อ	ม	ฟ	ณ	◌้	น	ป	ใ
จ	ถ	ซ	ข	เ	ข	ร	ศ	ง	ห	ผ	ซ	ม	อ	ไ	บ

ลิง
หมี
บีเวอร์
ช้าง
ฟ็อกซ์
ยีราฟ
กอริลลา
หมา
จิงโจ้
โคโยตี้

สิงโต
เสือดำ
ม้า
หนู
แกะ
โค
เสือ
วาฬ
หมาป่า
ม้าลาย

12 - Algebra

จ	ช	ญ	ไ	ย	ห	ธ	ช	ป	เ	ป	◌ั	ญ	ห	า	ด
ส	ญ	ไ	ผ	◌์	ป	ญ	ค	ร	ศ	ต	◌ั	ว	เ	ล	ข
เ	า	แ	ผ	น	ภ	า	พ	◌ิ	ษ	ต	ย	ซ	จ	ก	ซ
ส	ช	ร	ห	◌ู	ต	ต	ถ	ม	ส	บ	จ	ศ	ส	จ	◌์
◌ู	ไ	◌ิ	ล	ศ	ภ	◌ั	ม	า	◌่	ว	ย	ฟ	ต	ซ	ก
ต	เ	ม	ง	ะ	ม	ะ	ว	ณ	ว	ร	จ	ง	ไ	อ	◌ิ
ร	ผ	ส	ถ	เ	ล	ค	ร	แ	น	ต	◌ั	ว	แ	ป	ร
ส	ม	ก	า	ร	ส	า	จ	ม	ท	ไ	จ	ไ	ค	พ	ต
ม	จ	ด	ฟ	ส	แ	◌้	ย	ฉ	ค	น	◌ั	ส	ณ	ธ	ม
อ	จ	บ	ล	ร	า	ก	น	ต	ษ	น	ป	ณ	ผ	จ	เ
น	ท	อ	ฟ	ง	ช	แ	ค	ภ	บ	แ	ป	ญ	อ	ล	ว
◌ั	◌ำ	น	ว	ไ	ผ	ศ	ไ	ต	ย	ห	ญ	ญ	บ	ญ	ล
น	พ	จ	ช	ช	แ	ศ	ว	เ	อ	ท	า	ฉ	ร	ร	ล
ต	ห	ห	ะ	แ	ท	ด	ข	ไ	จ	ญ	ศ	เ	ท	◌็	จ
◌์	า	ต	ศ	ฉ	น	แ	เ	า	ร	ร	ฝ	ร	ซ	ห	ธ
ม	ป	ศ	ท	ว	ส	อ	ซ	ก	ห	แ	ย	ส	ด	ค	ว

เศษส่วน
แผนภาพ
ตัวแทน
ปัจจัย
เท็จ
สูตร
สมการ
เชิงเส้น
แก้
สารละลาย
เมตริกซ์
ปริมาณ
ศูนย์
ตัวเลข
ปัญหา
การลบ
รวม
อนันต์
ตัวแปร
ทำ

13 - Philanthropie

ก	า	ก	ถ	ช	ภ	า	ซ	ไ	อ	ผ	ะ	ณ	ม	ส	ต
ล	า	ม	ล	ท	ว	า	ส	ค	ต	◌ู	ผ	ษ	น	ณ	◌้
โ	ข	ร	ไ	◌ุ	ท	อ	ร	ธ	◌่	◌้	ฉ	า	◌ุ	ว	อ
ว	พ	ก	ก	ผ	◌่	เ	ง	ก	ด	ค	ถ	แ	ษ	ผ	ง
◌่	ก	แ	ณ	◌ุ	ย	ม	ฉ	ล	◌ิ	น	ท	า	ย	ว	ก
◌ั	ซ	ร	ซ	ฟ	ศ	ต	ส	ต	ต	จ	ไ	ฟ	ช	ศ	า
ท	เ	ป	ฉ	ญ	ณ	ล	ก	อ	ง	ท	◌ุ	น	า	เ	ร
ภ	ร	โ	เ	ป	◌้	า	ห	ม	า	ย	ศ	ล	ต	ย	ฝ
อ	บ	ภ	ไ	ฝ	ถ	อ	ล	บ	ว	ไ	ข	ฟ	◌ิ	า	ล
ส	ร	◌์	ต	ส	า	ศ	ต	◌ิ	◌ั	ว	ะ	ร	ป	ว	ช
น	◌ิ	ง	เ	ร	า	ก	า	อ	เ	ม	ป	ส	ะ	ช	◌ุ
ร	จ	ม	ฉ	ฟ	ธ	ด	ง	ะ	ล	ฉ	เ	ว	ร	น	ม
แ	า	ค	ว	า	ม	ซ	◌ี	◌่	อ	ส	◌ั	ต	ย	◌์	ช
พ	ค	ค	ว	า	ม	เ	อ	◌ื	◌้	อ	อ	า	ท	ร	น
ส	า	ธ	า	ร	ณ	ะ	ห	ญ	ด	ส	จ	ษ	ณ	ก	า
ย	ช	ศ	พ	ถ	ต	ห	เ	ญ	ไ	า	ข	พ	ข	ถ	ด

ต้องการ
ความซื่อสัตย์
การเงิน
ชุมชน
ประวัติศาสตร์
ทั่วโลก
ความเอื้ออาทร
กลุ่ม
เยาวชน
ติดต่อ
ผู้คน
มนุษยชาติ
ภารกิจ
กองทุน
การกุศล
สาธารณะ
โปรแกรม
บริจาค
เป้าหมาย

14 - Diplomatie

ไ	ฉ	เ	า	ข	ก	ส	ม	ร	ร	ธ	ย	ษ	ุ	น	ม
ซ	ถ	ย	ห	ภ	ศ	ฉ	า	ค	ง	ั	ร	ล	ซ	ฝ	น
ว	อ	ซ	ป	ผ	ภ	ธ	ษ	ร	ต	ก	ฐ	ต	ผ	ฝ	ั
ช	ุ	ม	ช	น	ผ	ย	า	ช	ล	ร	ล	บ	ญ	ก	ก
ส	ถ	า	น	ท	ู	ต	ภ	ณ	ซ	ะ	ฝ	ศ	า	ม	ก
ต	่	า	ง	ช	า	ต	ิ	ศ	ข	ณ	ล	ก	ล	ล	า
ค	ว	า	ม	ป	ล	อ	ด	ภ	ั	ย	ผ	า	ผ	ก	ร
ค	ว	า	ม	ซ	ี	่	อ	ส	ั	ต	ย	์	ย	า	ท
ส	น	ธ	ิ	ส	ั	ญ	ญ	า	ก	ไ	ม	เ	ฝ	ร	ู
ภ	ผ	อ	ย	่	า	ง	ว	ภ	ข	ถ	เ	ป	ญ	เ	ต
ค	ว	า	ม	ย	ุ	ต	ิ	ธ	ร	ร	ม	ภ	ณ	ม	ะ
จ	ร	ฝ	ป	พ	ล	เ	ม	ื	อ	ง	อ	น	ม	ื	ป
ห	ป	ษ	ต	ท	ู	ช	า	ร	ร	ค	ั	อ	ก	อ	เ
ค	ว	า	ม	ข	ั	ด	แ	ย	้	ง	ป	ผ	ห	ง	ร
น	ผ	ผ	ท	ี	่	ป	ร	ึ	ก	ษ	า	ท	ย	ล	ข
ท	พ	ศ	ล	จ	ร	ิ	ย	ธ	ร	ร	ม	ศ	พ	แ	ซ

ต่างชาติ
ที่ปรึกษา
สถานทูต
เอกอัครราชทูต
พลเมือง
นักการทูต
อย่าง
จริยธรรม
ชุมชน
ความยุติธรรม
มนุษยธรรม
ความซื่อสัตย์
ความขัดแย้ง
สารละลาย
การเมือง
รัฐบาล
ความปลอดภัย
ภาษา
สนธิสัญญา

15 - Astronomie

อ	ซ	ฉ	ม	บ	ว	ต	ษ	ห	ผ	ส	เ	ก	ย	ไ	น
า	ฉ	ก	ล	ษ	า	ฟ	◌้	ง	อ	◌้	ท	ภ	◌์	ม	◌ั
ธ	า	ศ	ง	แ	ด	ก	ถ	ส	เ	ด	ย	เ	ต	ย	ก
ด	ด	ฝ	ก	ง	ม	ข	พ	ฉ	ร	ฟ	◌ู	ร	◌ิ	◌ี	บ
ส	า	ร	ค	ร	◌่	เ	ฉ	ข	◌์	ณ	ไ	ด	ท	ท	◌ิ
จ	ว	ว	พ	ซ	◌ุ	ป	ข	ค	ท	ด	ต	ข	า	เ	น
◌ั	น	ห	เ	า	ล	ว	◌ิ	บ	น	เ	ก	ญ	อ	ว	อ
ก	โ	เ	ป	ค	ก	ล	โ	ค	◌ั	ฉ	า	จ	ง	า	ว
ร	ร	ข	า	เ	ร	ต	ป	ส	จ	ะ	แ	◌ั	ว	ด	ก
ว	◌์	ฉ	ก	อ	บ	า	ว	ง	ง	ซ	ล	ก	ด	แ	า
า	อ	ถ	ด	ถ	ษ	ศ	ะ	า	ว	ไ	ก	ร	า	ไ	ศ
ล	ป	จ	ร	ว	ด	ล	อ	ห	ด	ฝ	ซ	ร	ผ	ท	ไ
ซ	เ	ฟ	ร	น	น	ว	ษ	ว	◌์	ญ	◌ี	า	ไ	ะ	ก
ผ	◌ู	จ	ค	ด	ภ	ญ	ด	า	ว	ต	◌่	ศ	น	ก	แ
ษ	ซ	ณ	ง	ข	ล	ฉ	ถ	ด	ข	ป	ห	◌ี	ข	ผ	ณ
ข	ม	ห	น	◌ั	ก	ด	า	ร	า	ศ	า	ส	ต	ร	◌์

นักบินอวกาศ
นักดาราศาสตร์
โลก
คราส
กาแลกซี่
ท้องฟ้า
ดาวหาง
กลุ่มดาว
ดาวตก
ดวงจันทร์
เนบิวลา
หอดูดาว
ดาวเคราะห์
จรวด
ดาวเทียม
ดวงอาทิตย์
ดาว
ซูเปอร์โนวา
จักรราศี
จักรวาล

16 - Ballett

น	เ	ไ	ง	ษ	ผ	◌ู	◌้	ช	ม	ก	บ	ไ	ไ	บ	ฟ
ณ	◌ั	า	เ	ท	ค	น	◌ิ	ค	ฝ	ล	น	ฉ	ด	ส	บ
พ	ณ	ก	อ	อ	ง	ด	ส	แ	ใ	◌้	พ	ข	เ	ถ	ภ
ง	ไ	ม	แ	น	ว	ก	ภ	ถ	ผ	า	อ	ซ	ณ	ฟ	ม
แ	ช	ไ	ม	ต	ย	ว	ข	เ	ะ	ม	เ	ฟ	ร	ส	ซ
ร	ถ	พ	า	◌้	◌่	ข	ษ	ผ	อ	เ	ศ	ภ	แ	ข	ก
◌ู	ะ	ส	ผ	เ	◌ี	ง	ป	อ	ไ	น	◌ิ	ห	ร	ห	ไ
ป	ว	ล	ย	ก	ด	า	เ	ช	ศ	◌ี	ล	ท	ท	ค	ธ
แ	ห	ง	ธ	◌ั	เ	ท	ด	พ	ฟ	◌้	ป	◌ั	ส	ศ	ศ
บ	ง	ส	ด	น	ย	า	น	ษ	ล	อ	ะ	ก	ง	ร	ญ
บ	◌ั	ท	ช	น	ว	◌่	ต	เ	ส	ง	ส	ษ	◌่	ธ	น
ข	จ	ภ	ะ	ล	ต	ท	ร	ไ	เ	า	บ	ะ	า	แ	ย
ฉ	ห	ช	ไ	ม	ย	ร	◌ี	บ	ซ	อ	ช	บ	ง	แ	ไ
ไ	ห	แ	ต	แ	ค	ใ	◌ี	บ	ศ	◌้	ญ	ภ	า	ข	ไ
เ	ส	◌ี	ย	ง	ป	ร	บ	ม	◌ี	อ	อ	ฟ	ม	อ	ภ
ค	ว	า	ม	เ	ข	◌้	ม	ข	◌้	น	ค	ม	ถ	ค	พ

สง่างาม
เสียงปรบมือ
แสดงออก
ทักษะ
ท่าทาง
ความเข้มข้น
นักแต่งเพลง
ศิลปะ
ดนตรี
กล้ามเนื้อ
วงดนตรี
ซ้อม
ผู้ชม
จังหวะ
เดี่ยว
รูปแบบ
นักเต้น
เทคนิค

17 - Restaurant #1

ไ	ห	ค	ณ	ห	ร	ซ	แ	ฝ	ช	า	น	ซ	ก	ช	ค
ว	ผ	ร	ช	า	ม	น	ข	ณ	ส	ร	ป	ก	า	ค	ด
เ	ว	◌ั	อ	ไ	า	า	ฟ	ซ	เ	ก	ซ	ข	ร	ค	ส
ส	น	ว	ช	พ	ณ	จ	น	ต	ช	พ	ด	น	จ	ศ	ณ
ผ	ซ	◌ี	ท	บ	ณ	ญ	ซ	ต	ผ	ฉ	เ	ม	อ	ผ	น
ต	◌้	พ	◌้	แ	ม	◌ิ	◌ู	ภ	ม	◌ี	ด	ป	ง	ย	ว
ธ	ฝ	า	ส	อ	ซ	ม	ภ	า	จ	ม	ล	◌ั	ด	ด	ร
ธ	ป	พ	เ	ฝ	อ	ส	า	ไ	ม	ม	ไ	ง	ไ	ก	ฝ
ห	ย	ไ	า	ช	แ	ค	ช	เ	ช	◌ี	ย	ร	◌์	า	ซ
ะ	ข	เ	ฝ	ะ	◌็	ท	ข	ไ	ร	ค	ญ	ป	ม	แ	ร
อ	า	ห	า	ร	า	ด	◌็	ผ	เ	ช	า	ซ	ร	ฟ	ไ
ฉ	ซ	ก	ฉ	ข	ศ	ท	ป	ท	ะ	พ	พ	ส	ช	แ	ฉ
ค	ฟ	ร	◌์	ส	◌ิ	เ	น	า	ง	ก	◌ั	น	พ	ช	พ
ศ	เ	ม	น	◌ู	เ	ฟ	ฟ	ศ	ก	ไ	ค	ภ	ญ	ก	ว
ย	ว	ผ	อ	ว	ผ	ล	ข	ข	อ	ฟ	ก	ล	ก	ร	ะ
ศ	ส	ต	อ	ธ	ป	ค	ก	ภ	ไ	ช	บ	◌่	ม	ช	ไ

ภูมิแพ้
ขนมปัง
ขนม
อาหาร
เนื้อ
ไก่
กาแฟ
แคชเชียร์
พนักงานเสิร์ฟ

ครัว
เมนู
มีด
การจอง
ชาม
ผ้าเช็ดปาก
ซอส
จาน
เผ็ด

18 - Geologie

ต	ะ	ไ	จ	ณ	ศ	ว	ฝ	ย	ก	ค	ร	ภ	ญ	แ	แ
ก	ฝ	น	ข	ล	ด	อ	ภ	ย	ฟ	ว	ท	◌ู	ก	ร	ไ
ฝ	ท	น	ซ	ญ	ท	ว	◌ี	ป	ณ	อ	◌ี	เ	ร	◌่	า
พ	ณ	ม	ย	◌ี	ซ	เ	ล	ค	แ	ท	◌่	ข	ด	ธ	ก
แ	ย	ค	อ	◌ื	ล	ก	เ	ป	ล	ซ	ร	า	ง	า	ธ
า	ผ	ธ	ย	ห	◌ิ	น	ง	อ	ก	◌์	า	ไ	ข	ต	จ
ท	ว	◌่	◌้	ธ	ญ	อ	ไ	ถ	◌้	◌ำ	บ	ฟ	ะ	◌ุ	ศ
ย	น	ถ	น	◌ิ	ห	◌่	ฟ	ก	ไ	ฟ	ส	ห	น	ผ	ส
ม	ซ	ศ	◌ิ	ด	ด	ร	บ	ศ	เ	ธ	◌ู	แ	ต	ป	ค
ป	ง	ด	ห	ล	◌ิ	ร	พ	ร	ษ	ซ	ง	แ	ช	ส	ศ
ท	ข	ฝ	ธ	ม	า	น	ซ	โ	แ	ท	อ	ะ	ง	ไ	พ
ฟ	อ	ส	ซ	◌ิ	ล	ว	ไ	ผ	ฉ	จ	ถ	ร	ช	ฝ	จ
ว	ฉ	ส	ภ	า	ต	ม	า	ห	ฉ	บ	ญ	ษ	◌์	ง	ง
ป	ะ	ก	า	ร	◌ั	ง	ฉ	ก	ว	เ	ห	ล	ว	ผ	ะ
ฉ	ล	ษ	ฝ	ไ	พ	ภ	ธ	า	ข	ส	ฟ	จ	ร	เ	ท
ม	ฝ	ย	ญ	ช	ซ	ฉ	ฉ	เ	ล	ไ	ก	ธ	พ	ะ	ผ

แผ่นดินไหว
ร่อน
ฟอสซิล
เหลว
ไกเซอร์
ถ้ำ
แคลเซียม
ทวีป
ปะการัง
ลาวา
แร่ธาตุ
ที่ราบสูง
ควอทซ์
เกลือ
กรด
หินงอก
หินย้อย
หิน
ภูเขาไฟ
โซน

19 - Mythologie

ก	ช	เ	ค	ซ	ธ	ก	ฟ	ข	บ	ย	า	บ	ก	บ	เ
า	ต	◌้	น	แ	บ	บ	ภ	◌้	น	แ	ผ	ฟ	ล	ซ	ข
ร	เ	ญ	ค	ต	ซ	ย	พ	ว	า	ร	◌่	แ	ะ	ฟ	า
ส	ก	แ	ว	ว	ง	อ	ล	◌ิ	น	ร	า	ถ	ช	ส	ว
ร	จ	บ	า	◌ิ	ฟ	ฉ	น	เ	◌ำ	ป	◌้	บ	จ	◌ั	ง
◌้	ด	บ	ม	ช	พ	น	ช	ศ	ต	ศ	ฟ	อ	ช	ต	ก
า	น	ศ	ห	◌ี	ง	ค	เ	ษ	ม	ภ	ง	ไ	ง	ว	ต
ง	ม	เ	◌ึ	ม	ร	ร	ธ	น	ฒ	◌ั	ว	ส	ร	◌์	จ
ต	ร	ค	ง	◌ี	แ	ะ	พ	ป	ป	ย	ฉ	อ	แ	ป	ธ
แ	ร	ธ	ห	ง	ฮ	ช	ณ	ร	ม	พ	ว	ม	ฉ	ร	ไ
ไ	ก	ธ	ว	◌่	ช	◌ี	ห	◌์	ศ	◌ิ	ป	ต	ฟ	ะ	ฟ
ค	◌ิ	◌้	ง	◌ิ	เ	ล	โ	ค	ษ	บ	ช	ภ	ง	ห	ถ
ศ	ต	ซ	แ	ส	ษ	ย	บ	ร	ก	◌ั	น	า	ญ	ล	ฉ
ม	ฤ	ส	ค	ค	ณ	ต	ช	ร	◌่	ต	ส	พ	ท	า	แ
จ	พ	บ	เ	ภ	◌้	ผ	ซ	ว	พ	◌ิ	ม	ก	ห	ด	ฝ
ธ	ข	ณ	ะ	ค	ค	น	ฟ	ส	ซ	ข	ช	อ	ญ	ธ	พ

ต้นแบบ
ฟ้าผ่า
ฟ้าร้อง
ความหึงหวง
ฮีโร่
สวรรค์
ภัยพิบัติ
การสร้าง
สิ่งมีชีวิต
นักรบ
วัฒนธรรม
เขาวงกต
ตำนาน
วิเศษ
สัตว์ประหลาด
แก้แค้น
แรง
ยแร
อมตภาพ
พฤติกรรม

20 - Restaurant #2

อ	ร	◌่	อ	ย	ผ	เ	น	แ	ะ	ฟ	ฝ	เ	า	ผ	เ
เ	ง	น	ข	ท	ว	ร	ห	◌้	ไ	ม	ข	ต	เ	ถ	ค
ก	ญ	ถ	ท	ไ	ศ	ส	เ	น	◌ำ	ค	ฉ	ญ	ช	ค	ร
◌้	ม	ไ	ร	ไ	จ	ท	ร	◌ั	ญ	แ	ฟ	ล	◌้	ป	◌ี
า	ผ	ล	ไ	ม	◌้	ส	เ	ว	ล	ญ	ข	ณ	อ	ภ	◌่
อ	อ	จ	แ	อ	บ	ล	ก	ง	ส	ะ	ป	◌็	น	ซ	อ
◌ี	า	เ	ง	◌้	น	◌ั	ล	า	อ	ฟ	ล	ง	ง	◌ุ	ง
◌้	ห	จ	ฟ	ส	พ	ด	◌ื	ล	ด	◌่	า	ฝ	ย	ป	ด
ง	า	ฝ	น	◌้	◌ำ	ล	อ	ก	ไ	แ	◌ี	ษ	ศ	ห	◌ี
จ	ร	ญ	ณ	น	ป	ซ	ไ	ร	พ	ห	ณ	ร	ศ	อ	◌่
ว	เ	ด	แ	ผ	ณ	ะ	บ	า	ไ	ข	ก	◌้	ค	เ	ม
เ	ย	ต	ซ	ส	ะ	ห	จ	ห	ข	ศ	ข	น	บ	เ	ะ
ต	◌็	ฉ	า	ญ	ค	ถ	อ	า	ล	ไ	ผ	า	ห	ม	ว
เ	น	ด	ย	อ	ก	ข	ต	อ	ฟ	ส	ผ	ฟ	ศ	า	ฟ
ก	◌๋	ว	ย	เ	ต	◌ี	◌๋	ย	ว	แ	ไ	ต	แ	ย	บ
บ	ร	◌ิ	ก	ร	ซ	เ	ท	จ	ผ	◌ั	ก	ภ	ป	ว	ค

อาหารเย็น
ไข่
น้ำแข็ง
ปลา
ผลไม้
ส้อม
ผัก
เครื่องดื่ม
เครื่องเทศ
บริกร
อร่อย
เค้ก
ช้อน
อาหารกลางวัน
ก๋วยเตี๋ยว
สลัด
เกลือ
เก้าอี้
ซุป
น้ำ

21 - Ökologie

ย	ะ	ภ	ไ	ท	ศ	ฝ	ะ	ถ	ณ	ย	เ	ค	ธ	ห	อ
◌ั	ข	◌ู	พ	ฝ	ะ	ภ	พ	ส	ม	ข	ป	ท	ร	ผ	น
◌่	ย	เ	ษ	◌ี	แ	เ	ง	ม	บ	ฟ	◌็	◌ั	ร	บ	า
ง	า	ข	ฟ	ผ	ช	ท	ล	ม	ธ	ห	น	◌่	ม	ง	ฉ
ย	ล	า	ไ	ย	จ	ร	ร	ถ	ภ	ท	ธ	ว	ช	ก	ส
◌ี	ห	ธ	◌ุ	◌์	น	◌ั	พ	ย	า	ส	ร	โ	า	า	◌ั
น	ก	ด	ท	ร	ช	พ	ย	ธ	ข	ช	ร	ล	ต	ร	ต
ซ	า	ไ	ะ	ณ	◌ุ	ย	ล	า	ด	ด	ม	ก	◌ิ	อ	ว
น	ล	ถ	ธ	ไ	ม	า	ฟ	ด	ะ	ท	ช	ฉ	ล	ย	◌์
ถ	ห	แ	ษ	ะ	ช	ก	ไ	ล	จ	ส	า	ค	พ	◌ู	ป
ฝ	ม	ต	บ	ก	น	ร	แ	ฟ	อ	เ	ต	ท	ไ	◌่	◌่
อ	า	ส	า	ส	ม	◌ั	ค	ร	ไ	ร	◌ิ	ฝ	จ	ร	า
ถ	ว	ญ	เ	ง	น	ส	ร	บ	ห	ด	า	ซ	ถ	อ	ผ
จ	ค	ฉ	ะ	จ	ภ	◌ู	ม	◌ิ	อ	า	ก	า	ศ	ด	ศ
ฟ	น	ฟ	บ	ห	ซ	ณ	า	ท	ง	แ	ล	◌้	ง	◌ึ	บ
ภ	เ	ท	◌ี	◌่	อ	ย	◌ู	◌่	อ	า	ศ	◌ั	ย	เ	ย

สายพันธุ์
ภูเขา
แล้ง
สัตว์ป่า
ฟลอรา
อาสาสมัคร
ชุมชน
ทั่วโลก
ภูมิอากาศ
ที่อยู่อาศัย
ทะเล
ยั่งยืน
ธรรมชาติ
เป็นธรรมชาติ
ทรัพยากร
บึง
การอยู่รอด
พืช
ความหลากหลาย

22 - Schokolade

ห	า	ช	ท	ห	ต	อ	ะ	ศ	ร	พ	า	ภ	ณ	◌ุ	ค
ว	ธ	ด	◌่	◌ี	ไ	ะ	ต	ข	◌้	ล	ล	ข	น	า	า
า	ร	น	ษ	า	◌่	ม	ห	ใ	ก	ล	ป	แ	ด	แ	ร
น	น	ถ	อ	ร	ง	ช	ฉ	ซ	โ	อ	ฝ	ะ	ม	ภ	า
ถ	แ	ณ	ว	ต	ผ	ฝ	◌ื	ข	ก	ง	า	ษ	ษ	ษ	เ
เ	เ	ญ	เ	ศ	ฟ	ป	◌ี	◌่	โ	ส	ถ	ด	ย	ไ	ม
ค	ษ	ท	อ	ป	ว	ษ	อ	ม	น	ข	ก	อ	ญ	ฟ	ล
ส	◌ู	ต	ร	อ	า	ห	า	ร	◌ี	ช	า	ย	ฟ	ถ	ช
อ	ข	ม	ว	ญ	◌้	อ	ข	ล	แ	อ	อ	ค	ด	◌ั	ช
ข	ร	ป	น	ว	ร	ณ	ธ	า	ฟ	บ	ธ	บ	ง	◌่	จ
ข	ต	◌่	ซ	ษ	พ	ฉ	ฝ	แ	ห	ฟ	ก	อ	ร	ว	ห
น	ส	ง	อ	ด	ะ	ว	ภ	ศ	ฝ	ง	ส	ญ	ส	ฟ	ล
◌ิ	ผ	ช	ธ	ย	ม	ช	ธ	ะ	ร	ช	ฝ	จ	ห	ส	ม
ก	ล	◌ิ	◌่	น	ห	อ	ม	ษ	ว	ข	ม	ฟ	จ	บ	จ
แ	ค	ล	อ	ร	◌ี	◌่	น	◌้	◌ำ	ต	า	ล	ข	ฟ	อ
ก	ษ	น	ษ	ง	ฝ	พ	ก	ส	◌่	ว	น	ผ	ส	ม	ไ

กลิ่นหอม
ขม
ถั่ว
กิน
แปลกใหม่
ที่ชื่นชอบ
รส
ช่างฝีมือ
โกโก้
แคลอรี่
คาราเมล
มะพร้าว
อร่อย
ผง
คุณภาพ
สูตรอาหาร
หวาน
น้ำตาล
ส่วนผสม

23 - Boote

ถ	เ	จ	ท	ถ	ฉ	ฉ	ธ	ศ	อ	า	จ	ญ	ษ	พ	ณ
ฝ	น	ส	า	ุ	ซ	ร	จ	ย	ซ	ส	ไ	ค	ร	ส	ญ
ม	ง	ข	า	จ	่	เ	บ	ผ	ร	จ	า	ส	ะ	ะ	ซ
ษ	ห	ก	ะ	ต	์	น	ย	ง	อ	่	ี	ร	ค	เ	ฝ
ข	บ	า	ส	ล	เ	ะ	ท	น	ฟ	จ	ม	ส	บ	น	ป
ด	ฝ	ไ	ส	จ	เ	ร	ื	อ	ย	อ	ช	ท	์	บ	ช
แ	พ	ข	ส	ม	แ	ม	่	น	้	ำ	ค	ล	ี	่	น
ป	อ	บ	ธ	ผ	ุ	จ	ณ	ฉ	ท	น	ั	ก	แ	ฟ	ส
เ	ร	ื	อ	ใ	บ	ท	น	ะ	ะ	ไ	ย	ซ	ค	ผ	เ
ภ	ี	ษ	พ	ไ	ม	ร	ร	น	เ	ณ	า	ถ	น	จ	บ
ส	เ	เ	ช	ื	อ	ก	ซ	บ	ล	ห	ค	ซ	ู	ะ	ย
า	ก	า	ฟ	ม	า	ข	้	อ	ี	ร	เ	ะ	ภ	ส	ล
ณ	ู	ษ	ร	ด	า	ธ	ล	ช	ม	ไ	ฟ	ม	ร	ไ	ย
ร	ล	เ	ร	ื	อ	ช	ู	ช	ี	พ	ด	ด	ษ	ท	ญ
ค	ท	่	า	เ	ร	ื	อ	ม	ส	ก	ะ	ล	า	ส	ี
ฟ	ะ	ร	ว	ร	ก	ซ	ธ	ญ	ย	ค	ศ	บ	แ	จ	ล

สมอ
ทุ่น
ลูกเรือ
ท่าเรือ
เรือข้ามฟาก
แพ
แม่น้ำ
คายัค
แคนู
เสา
ทะเล
เครื่องยนต์
มหาสมุทร
เรือชูชีพ
ทะเลสาบ
กะลาสี
เรือใบ
เชือก
คลื่น
เรือยอชท์

24 - Stadt

โ	ส	ค	ง	ย	ล	◌ั	า	ย	ท	◌ิ	ว	า	ห	ม	แ
ร	น	ล	จ	อ	ส	◌ี	ง	น	◌ั	ห	น	า	◌้	ร	ก
ง	า	ศ	ย	ด	ก	พ	ญ	ย	ช	ล	ม	ย	อ	า	ล
ภ	ม	น	ฉ	ด	า	ล	ต	◌ี	ไ	ธ	ข	ย	ง	ค	เ
า	บ	ฉ	ณ	อ	ต	ท	น	ร	ซ	ย	ง	า	ส	า	ล
พ	◌ิ	ห	ส	ก	อ	ง	ก	เ	ซ	ป	ไ	ข	ม	น	อ
ย	น	ไ	ส	ไ	น	ค	ฟ	ง	พ	ฉ	ว	น	◌ุ	ธ	ร
น	อ	ค	ย	ม	ร	◌ิ	ไ	ร	อ	ข	ร	า	ด	ส	◌ี
ต	ย	ไ	ไ	◌้	อ	◌้	◌ิ	โ	จ	จ	ผ	◌้	ฉ	ค	◌่
ร	ต	เ	พ	ด	เ	ด	า	ล	ส	ฉ	ถ	ร	เ	ซ	ท
◌์	ต	ผ	ง	◌ี	ไ	ธ	ต	น	ค	ม	น	ด	ด	า	ด
ญ	ธ	บ	ภ	ป	ญ	ร	◌้	า	น	อ	า	ห	า	ร	แ
พ	◌ิ	พ	◌ิ	ธ	ภ	◌ั	ณ	ฑ	◌์	ฟ	ป	ถ	ก	ศ	ต
โ	ร	ง	ล	ะ	ค	ร	เ	บ	เ	ก	อ	ร	◌ี	◌่	ซ
า	พ	ด	ส	ว	น	ส	◌ั	ต	ว	◌์	ผ	ห	ค	า	ภ
โ	ร	ง	แ	ร	ม	ส	น	า	ม	ก	◌ี	ฬ	า	จ	ฉ

ร้านขายยา
ธนาคาร
เบเกอรี่
ห้องสมุด
ดอกไม้ดี
ร้านหนังสือ
สนามบิน
แกลเลอรี่
ร้าน
โรงแรม
โรงภาพยนตร์
คลินิก
ตลาด
พิพิธภัณฑ์
ร้านอาหาร
โรงเรียน
สนามกีฬา
โรงละคร
มหาวิทยาลัย
สวนสัตว์

25 - Aktivitäten

เ	ง	ะ	ษ	ก	◌ั	ท	ท	ซ	ต	แ	ล	ซ	ป	ถ	แ
ว	ซ	า	ว	◌ั	◌ิ	ซ	ช	น	ก	ผ	◌่	น	า	ย	ล
ท	เ	ร	น	ถ	ค	จ	ศ	ศ	ป	ด	า	ว	พ	า	ภ
ว	ว	บ	า	ฝ	ง	บ	ก	ผ	ล	ม	ส	ส	า	ล	อ
ศ	ล	แ	◌่	ม	◌ี	ม	จ	ร	า	พ	◌ั	◌ำ	ภ	ค	ง
◌ิ	า	ไ	อ	พ	◌ิ	ม	ฉ	ษ	ร	ส	ต	ท	ย	น	เ
ล	ว	ไ	ร	ฟ	ไ	ก	◌ี	อ	ข	ม	ว	ร	า	อ	ฟ
ป	◌่	ง	า	ด	ศ	เ	ข	อ	ซ	ค	◌์	า	◌่	◌่	า
ะ	า	ล	ก	า	ย	า	ม	ซ	เ	จ	จ	ก	ถ	ผ	ผ
า	ง	ก	า	ร	เ	ย	◌็	บ	ว	ศ	ป	ช	ร	ท	ก
ส	ช	จ	น	พ	ฟ	ข	ย	◌ิ	น	ด	◌ี	ฉ	า	ซ	น
ถ	ไ	ค	ง	ล	ข	ก	ด	ช	ฉ	ณ	ะ	ต	ก	ห	ว
ย	ป	ส	ธ	ฟ	ด	ธ	ศ	ฝ	ร	ธ	ป	ศ	บ	ผ	บ
า	จ	ณ	พ	ส	ฉ	ว	ญ	ห	ล	ส	ธ	ถ	ร	ด	ต
ร	ฟ	จ	พ	จ	ฉ	ต	ภ	ถ	ป	ช	ค	ศ	ล	ภ	ห
ค	ค	ด	ษ	ส	ฝ	จ	บ	ด	ถ	ก	ต	ง	ธ	ฟ	ซ

กิจกรรม
ตกปลา
ผ่อนคลาย
ทักษะ
การถ่ายภาพ
เวลาว่าง
การทำสวน
ภาพวาด
ล่าสัตว์
เซรามิก
ศิลปะ
งานฝีมือ
การอ่าน
มายากล
การเย็บ
เกม
ถัก
ยินดี

26 - Bienen

ก	ณ	ท	ษ	เ	ร	ธ	ห	ร	ฝ	ท	พ	ท	ร	พ	ช
ค	ว	◌ี	น	ฝ	ณ	จ	ถ	ถ	ศ	ก	ศ	◌ี	◌ั	ย	ญ
◌้	ก	ล	ถ	ฟ	◌ู	ซ	บ	ป	ะ	ภ	ษ	◌่	ง	ฟ	เ
ม	ก	ฉ	น	ง	เ	ง	ผ	ง	ข	ล	ง	อ	ด	จ	ฝ
ไ	ท	ะ	บ	ท	แ	ภ	ป	ล	อ	ช	ศ	ย	ก	ต	ค
ก	◌ี	ป	ล	ภ	ซ	บ	เ	ม	ไ	ญ	ไ	◌ู	ข	ช	ว
อ	ญ	ไ	ภ	ณ	ค	า	ศ	แ	ง	ม	ส	◌่	◌ี	จ	า
ด	ว	ง	อ	า	ท	◌ิ	ต	ย	◌์	ศ	◌้	อ	◌้	ซ	ม
น	ธ	จ	ร	ะ	บ	บ	น	◌ิ	เ	ว	ศ	า	ผ	ค	ห
◌้	จ	ว	น	จ	ค	ด	ส	ต	ห	ฟ	ธ	ศ	◌ึ	ท	ล
◌ำ	ญ	อ	า	ห	า	ร	อ	ไ	ธ	ะ	ป	◌ั	◌้	น	า
ผ	ค	เ	เ	ต	ย	ป	ฟ	ก	ฝ	ช	ซ	ย	ง	ห	ก
◌ึ	ไ	ร	เ	ป	◌็	น	ป	ร	ะ	โ	ย	ช	น	◌์	ห
◌้	ฟ	ณ	ก	ะ	ท	ฝ	ว	เ	เ	ญ	ไ	◌ี	ต	อ	ล
ง	ว	◌ู	ส	ว	น	ญ	ฟ	ณ	ด	อ	ช	พ	ง	ผ	า
ไ	แ	แ	ะ	ภ	ค	ว	◌ั	น	ไ	ไ	ผ	ห	เ	ฉ	ย

รัง
ดอกไม้
ดอก
อาหาร
ปีก
ผลไม้
สวน
น้ำผึ้ง
แมลง
ควีน
ที่อยู่อาศัย
ระบบนิเวศ
พืช
เรณู
ควัน
ฝูง
ดวงอาทิตย์
ความหลากหลาย
เป็นประโยชน์
ขี้ผึ้ง

27 - Wissenschaftliche Disziplinen

ส	ร	◌ี	ร	ว	◌ิ	ท	ย	า	ษ	อ	ศ	จ	ท	แ	ร
ภ	า	ษ	า	ศ	า	ส	ต	ร	◌์	ท	ไ	แ	ก	น	พ
ฉ	ถ	อ	◌ุ	ณ	ห	พ	ล	ศ	า	ส	ต	ร	◌์	ถ	ฤ
ส	◌ั	ง	ค	ม	ว	◌ิ	ท	ย	า	น	ช	ภ	ญ	ณ	ก
ด	ธ	า	ย	ท	◌ิ	ว	ท	า	ส	ะ	ร	ป	น	ณ	ษ
ซ	ไ	ย	บ	ม	ด	า	ร	า	ศ	า	ส	ต	ร	◌์	ศ
ล	ณ	ท	ภ	ซ	ก	ญ	ย	ย	ภ	ย	ฉ	แ	แ	น	า
ช	◌ี	ว	เ	ค	ม	◌ี	ธ	ท	ผ	ท	ค	ก	ส	◌ิ	ส
ก	ฟ	◌ิ	โ	ฉ	า	ภ	ร	ว	ว	ว	ม	ฟ	แ	เ	ต
ล	◌ิ	น	บ	ณ	ฝ	ค	ณ	◌ิ	ศ	◌ิ	ไ	ฟ	ะ	ว	ร
ศ	ส	◌ี	ร	ษ	จ	ส	◌ี	◌่	ฟ	ต	ว	ญ	ล	ศ	◌์
า	◌ิ	ท	า	ห	ร	ญ	ว	ร	ส	◌ิ	ะ	◌ี	า	ว	ธ
ส	ก	◌ิ	ณ	ณ	ด	ง	◌ิ	แ	ผ	จ	ญ	ษ	ช	◌ิ	ญ
ต	ส	ค	ค	ง	แ	จ	ท	น	ป	บ	ภ	ป	ร	ท	ะ
ร	◌์	ซ	ด	ผ	ง	แ	ย	ฉ	ช	ภ	ฝ	ฟ	ษ	ย	ร
◌์	ศ	ธ	◌ี	ฟ	ไ	ฟ	า	เ	ค	ม	◌ี	ช	ป	า	ซ

โบราณคดี
ดาราศาสตร์
ชีวเคมี
ชีววิทยา
พฤกษศาสตร์
เคมี
ธรณีวิทยา
คิทนีวิทยา
ภาษาศาสตร์
กลศาสตร์
แร่วิทยา
ประสาทวิทยา
นิเวศวิทยา
ฟิสิกส์
สรีรวิทยา
จิตวิทยา
สังคมวิทยา
อุณหพลศาสตร์

28 - Vögel

ต	า	ธ	ด	ศ	ธ	ฉ	ภ	ค	ซ	ป	อ	ไ	ว	ต	บ
ก	◌่	ษ	อ	◌ี	ก	า	บ	ม	ก	ษ	แ	แ	พ	เ	ไ
ธ	ว	อ	า	ต	พ	ฟ	ห	◌่	า	น	ป	ซ	ม	ใ	บ
ค	ห	ล	ย	ข	ศ	ล	ว	ป	ด	ค	ฉ	ร	ฟ	ฟ	เ
ซ	เ	ห	ง	ส	◌์	า	ล	ว	น	ง	า	น	ซ	ง	ะ
ไ	า	บ	ฝ	ไ	ก	ม	น	◌้	ป	ต	ฉ	น	ฉ	ฟ	ข
ง	ก	า	ย	ศ	ไ	◌ิ	◌ิ	ก	ก	ร	ะ	จ	อ	ก	น
ก	ก	ร	ไ	ก	◌่	ง	ว	แ	ฮ	ง	ฉ	ล	ค	ใ	ก
น	น	◌ิ	ะ	ย	ซ	โ	ก	ก	ห	◌ุ	ท	ข	อ	ว	ก
ว	ก	พ	ง	ส	ไ	ก	น	น	ร	ย	ก	ป	ช	ห	ร
เ	ไ	ก	ท	เ	า	ซ	พ	ไ	แ	ก	ง	ป	พ	แ	ะ
า	ข	น	ร	ด	◌็	ป	เ	ภ	อ	น	ค	ณ	า	พ	ส
ร	◌่	ณ	ฟ	ะ	อ	ฉ	ผ	พ	ง	ย	อ	ต	ว	ช	า
ญ	ผ	บ	ร	◌ี	ท	น	◌ิ	อ	ช	พ	ผ	เ	ค	ป	ย
ค	ษ	ป	ห	ญ	ส	◌ุ	ภ	ย	น	ถ	ร	ไ	ซ	ษ	ผ
น	แ	ฝ	า	ภ	ฉ	ท	ง	ย	ล	า	ณ	ศ	ฟ	ผ	ท

อินทรี
ไข่
เป็ด
นกฮูก
ฟลามิงโก
ห่าน
ไก่
อีกา
นกกาเหว่า
นางนวล
นกแก้ว
นกกระทุง
นกยูง
เพนกวิน
ราเวน
กระสา
หงส์
กระจอก
นกกระสา
นกพิราบ

29 - Biologie

ซ	◌ิ	ม	ไ	บ	โ	อ	ซ	◌ิ	ส	ห	ล	ศ	ศ	เ	เ
ภ	ไ	อ	ไ	ม	ศ	น	ษ	ส	◌ิ	ซ	ม	โ	ส	อ	อ
ม	ซ	โ	ม	โ	ร	ค	โ	ณ	น	ค	ย	ญ	ร	เ	น
ไ	แ	แ	ข	พ	ส	ภ	ช	ค	จ	ธ	ห	ศ	า	ฝ	ไ
ก	น	พ	ช	ไ	อ	ย	ร	ล	เ	ถ	า	ค	ก	ท	ซ
ค	ป	ธ	◌ุ	◌์	น	◌ั	พ	ย	า	ล	ก	ร	า	ก	ม
ย	ส	ต	ว	ไ	ธ	◌ิ	ว	เ	ล	ะ	ง	โ	น	ไ	◌์
ไ	◌์	เ	ซ	ล	ล	◌์	ว	ม	ล	ค	บ	อ	ฒ	ส	ษ
ถ	ซ	เ	พ	ห	เ	ร	ษ	เ	อ	ส	ง	◌้	ว	โ	ถ
แ	บ	ค	ท	◌ี	เ	ร	◌ี	ย	ค	ข	ข	◌ี	◌ั	ป	ไ
พ	เ	อ	◌็	ม	บ	ร	◌ิ	โ	อ	ล	ภ	ช	◌ิ	ร	น
พ	◌ี	ฮ	อ	ร	◌์	โ	ม	น	ศ	จ	◌ี	เ	ว	ต	จ
ค	า	ช	ป	ว	ษ	ย	แ	ท	ม	บ	ศ	ย	ภ	◌ี	แ
ไ	ฮ	เ	บ	อ	ร	◌์	เ	น	ต	ฝ	ะ	ฝ	ส	น	จ
ฟ	ง	ล	อ	ษ	เ	ซ	ล	ล	◌์	ป	ร	ะ	ส	า	ท
เ	ส	◌้	น	ป	ร	ะ	ส	า	ท	ม	ะ	ญ	ด	า	พ

แบคทีเรีย
โครโมโซม
เอ็มบริโอ
เอนไซม์
เชื้อโรค
วิวัฒนาการ
ฮอร์โมน
นิวเคลียส
คอลลาเจน
การกลายพันธุ์
เส้นประสาท
เซลล์ประสาท
ออสโมซิส
พืช
โปรตีน
ซิมไบโอซิส
ไซแนปส์
ไฮเบอร์เนต
เซลล์

30 - Garten

ห	จ	พ	ไ	ณ	ไ	ก	ค	ห	ย	ญ	ซ	ว	ศ	ข	ณ
ญ	น	◌ี	ล	พ	โ	ม	ร	ท	แ	ม	ว	ศ	ส	ศ	ช
◌้	ว	ณ	ห	◌ั	ฉ	ค	า	◌้	ญ	ห	ม	า	น	ส	ฟ
า	ญ	ช	อ	ร	◌่	ไ	ด	ช	ฝ	ท	จ	ถ	ค	ต	ย
ธ	ล	ว	ณ	ฟ	ข	ว	พ	ล	ถ	ค	ห	ร	บ	ม	ซ
ด	ป	า	ไ	ท	ย	ม	◌้	า	น	◌ั	◌่	ง	ร	◌ุ	ย
◌ิ	เ	อ	ฟ	ซ	ป	ศ	ม	แ	ผ	พ	ส	ร	ะ	ญ	ช
น	า	◌้	บ	น	า	ช	ไ	ต	ษ	ม	ว	โ	เ	ณ	จ
ล	ศ	ว	ว	ว	ฉ	ไ	ล	ย	◌้	◌ำ	น	น	บ	น	ย
น	ธ	ช	ษ	แ	ะ	ท	ผ	น	ม	น	ล	บ	◌ี	ช	ผ
ว	◌ั	ช	พ	◌ี	ช	◌่	น	ฝ	ไ	◌้	ไ	ป	ย	ต	ถ
ศ	เ	ค	ย	ญ	น	อ	ว	พ	ก	อ	แ	ม	ง	ย	ด
บ	ษ	ร	จ	ถ	จ	ก	ส	จ	อ	◌่	ข	พ	◌้	ฉ	ต
า	ณ	◌ั	ข	ค	ส	ผ	เ	เ	ด	บ	พ	ร	ฝ	ม	ณ
ว	ฝ	◌้	ท	ด	ล	น	พ	ฉ	ซ	ม	ศ	จ	ซ	ะ	ด
ช	ด	ว	ฟ	ข	ไ	ค	แ	า	ย	ส	ท	ถ	ต	ญ	ห

ม้านั่ง
ต้นไม้
ดอกไม้
ดิน
บช
โรงรถ
สวน
หญ้า
เปลญวน
สวนผลไม้
สนามหญ้า
คราด
พลั่ว
ท่อ
บ่อน้ำ
ชานบ้าน
แทรมโพลีน
วัชพืช
ระเบียง
รั้ว

31 - Antarktis

ง	ณ	ผ	ท	ฉ	บ	ห	ก	ก	ฉ	ย	จ	ญ	ษ	ช	ธ
ฝ	ย	ท	ป	ไ	ช	ณ	ษ	ธ	ฉ	ข	ร	◌ุ	ข	ร	ะ
ย	ง	น	◌้	◌ำ	แ	ข	◌็	ง	ง	พ	ธ	ถ	ภ	ส	น
ณ	ง	ช	ย	◌้	ศ	ท	เ	ะ	ร	ป	ม	◌ิ	◌ู	ภ	◌ั
ค	ร	ว	า	น	จ	ง	ช	ม	ญ	น	ว	ว	ม	า	ก
ก	า	ร	โ	ย	ก	ย	◌้	า	ย	ไ	ก	ม	◌ิ	พ	ว
ก	า	ร	อ	น	◌ุ	ร	◌ั	ก	ษ	◌์	า	น	ศ	อ	◌ิ
ท	ว	◌ี	ป	ท	ง	ช	ภ	ษ	ล	ธ	ร	แ	า	า	จ
ณ	ท	ธ	ค	ษ	ช	อ	ฉ	จ	ม	บ	เ	ร	ส	ก	◌ั
ณ	เ	ไ	ซ	ม	ง	แ	อ	ด	ธ	ไ	ด	◌่	ต	า	ย
อ	◌ุ	ณ	ห	ภ	◌ู	ม	◌ิ	◌่	ไ	ผ	◌ิ	ธ	ร	ศ	ศ
ก	ล	า	เ	ซ	◌ี	ย	ร	◌์	า	ม	น	า	◌์	ล	ม
ร	◌์	ต	ส	า	ศ	า	ย	ท	◌ิ	ว	ท	ต	อ	ม	เ
ฝ	บ	ค	า	บ	ส	ม	◌ุ	ท	ร	ฝ	า	◌ุ	ท	ท	ย
เ	ย	ข	แ	ม	อ	ล	◌้	ด	ว	แ	ง	◌่	◌ิ	ส	น
อ	ส	ง	ฉ	ง	ะ	ถ	ภ	เ	ง	ม	พ	ว	ร	ศ	ค

อ่าว
น้ำแข็ง
การอนุรักษ์
การเดินทาง
ขรุขระ
นักวิจัย
ภูมิศาสตร์
กลาเซียร์
คาบสมุทร
ทวีป
การโยกย้าย
แร่ธาตุ
อุณหภูมิ
ภูมิประเทศ
สิ่งแวดล้อม
นก
น้ำ
สภาพอากาศ
ลม
วิทยาศาสตร์

32 - Fahren

แ	ษ	บ	า	ท	◌้	เ	น	◌ิ	ด	เ	น	ค	ค	ห	ถ
ง	ฝ	ต	ญ	พ	ฟ	ณ	ช	แ	อ	◌ุ	โ	ม	ง	ค	◌์
ก	า	ร	จ	ร	า	จ	ร	◌ื	ผ	ท	บ	พ	ภ	ต	ร
ธ	ไ	ห	ซ	ณ	ไ	ต	ร	ซ	◌้	น	ย	ณ	ฝ	◌ำ	ไ
อ	◌ุ	บ	◌ั	ต	◌ิ	เ	ห	ต	◌ุ	อ	ท	ไ	ฉ	ร	ง
ค	ห	ฝ	ก	◌์	ล	ม	เ	ถ	ร	ณ	เ	◌ื	ท	ว	ซ
ว	ย	ก	า	น	เ	ฝ	บ	ร	ง	ภ	ร	พ	◌่	จ	ร
า	า	ล	ร	ย	เ	บ	ร	ค	ฝ	ว	อ	อ	ล	ต	ต
ม	ร	ถ	ข	ง	ฉ	แ	ช	ป	บ	ฉ	ฝ	ย	ศ	◌ิ	ม
เ	ต	ร	น	อ	อ	ม	ก	ณ	บ	ว	ต	ผ	ป	ช	ง
ร	น	ง	ส	◌่	ห	อ	ภ	◌๊	ว	ไ	ล	ะ	ก	ง	เ
◌็	◌ั	ร	◌่	◌ื	ภ	ฟ	เ	เ	ส	ท	ะ	ม	ส	ะ	ผ
ว	อ	โ	ง	ร	อ	ด	ย	ไ	บ	อ	น	◌ุ	ญ	า	ต
ณ	ภ	บ	ม	ค	ค	ว	า	ม	ป	ล	อ	ด	ภ	◌ั	ย
ผ	ฝ	ไ	ห	เ	ร	ถ	บ	ร	ร	ท	◌ุ	ก	ย	อ	ข
ร	ถ	จ	◌ั	ก	ร	ย	า	น	ย	น	ต	◌์	ศ	ม	ะ

รถ
เบรค
เชื้อเพลิง
รถเมล์
คนเดินเท้า
โรงรถ
แก๊ส
อันตราย
ความเร็ว
แผนที่
ใบอนุญาต
รถบรรทุก
เครื่องยนต์
รถจักรยานยนต์
ตำรวจ
ความปลอดภัย
การขนส่ง
อุโมงค์
อุบัติเหตุ
การจราจร

33 - Physik

ค	ต	◌ั	ว	แ	ป	ร	แ	ห	ษ	แ	ญ	ภ	ฉ	ฉ	ก
ก	ว	ษ	อ	ด	ธ	ค	ท	เ	◌ี	ม	ค	เ	น	า	ล
ถ	ธ	า	ว	◌ิ	ห	ณ	ส	ฟ	า	◌่	ป	เ	◌ิ	จ	ศ
ฝ	า	แ	ม	ย	เ	ล	◌ุ	ก	ล	เ	ม	โ	ว	ซ	า
ช	ท	ษ	ค	เ	ถ	ล	ค	พ	ภ	ห	ต	ล	เ	ค	ส
อ	ญ	ญ	ห	ฉ	ร	ท	◌็	ท	เ	ล	◌์	น	ค	ว	ต
ะ	จ	ป	ช	อ	ก	◌็	จ	ก	ฝ	◌็	น	◌่	ล	า	ร
ด	ย	ผ	ย	ไ	ภ	ฉ	ว	ค	ต	ก	ย	น	◌ี	ม	◌์
อ	น	◌ุ	ภ	า	ค	ท	ค	ผ	ผ	ร	ง	แ	ย	ถ	ม
ค	ว	า	ม	ว	◌ุ	◌่	น	ว	า	ย	อ	า	ร	◌ี	ว
ก	า	ร	ท	ด	ล	อ	ง	ม	ผ	ต	◌่	น	◌์	◌่	ล
อ	ไ	ถ	ถ	ถ	ฉ	ส	◌๊	ก	แ	ฝ	◌ี	ห	า	ษ	ถ
แ	ว	อ	ะ	ต	อ	ม	◌ู	ม	ท	ศ	ร	ม	ส	ท	บ
ช	ฉ	ไ	ห	จ	ช	ผ	จ	ต	ะ	ข	ค	า	ษ	ษ	ษ
ส	า	ก	ล	แ	ร	ย	ช	ห	ร	ษ	เ	ว	ต	ท	ต
ส	◌ั	ม	พ	◌ั	ท	ธ	ภ	า	พ	ล	ฝ	ค	ณ	ก	ต

อะตอม
ความวุ่นวาย
เคมี
ความหนาแน่น
อิเล็กตรอน
การทดลอง
สูตร
ความถี่
แก๊ส
ความเร็ว
แม่เหล็ก
มวล
กลศาสตร์
โมเลกุล
เครื่องยนต์
นิวเคลียร์
อนุภาค
สัมพัทธภาพ
สากล
ตัวแปร

34 - Bücher

ก	ศ	ย	ผ	ป	น	ก	ฝ	ญ	ย	ว	อ	ต	ป	เ	ค
ล	า	ป	บ	◌ู	ง	ณ	แ	ญ	ฟ	ร	พ	ฟ	เ	จ	ว
ต	◌้	ร	ถ	ไ	◌้	ถ	ไ	อ	เ	ร	ต	า	ส	ม	า
เ	น	ถ	ผ	ฟ	ม	อ	ถ	จ	ม	ณ	ฟ	ป	ไ	ต	ม
ญ	ห	ช	ก	จ	ข	ช	◌่	จ	ณ	ก	ส	ษ	ร	ย	เ
ง	ถ	ย	ต	ท	ญ	ท	ไ	า	ศ	ร	ญ	ป	ผ	แ	ป
ณ	ป	ล	ไ	ข	ฉ	ภ	บ	ย	น	ร	ช	พ	พ	ภ	◌็
พ	จ	ไ	อ	ข	ป	ว	◌ั	า	ฟ	ม	ช	◌ุ	ด	บ	น
จ	ย	ศ	ซ	ว	ป	ถ	น	ย	ข	◌ี	เ	◌้	◌ู	ผ	ค
บ	ว	า	ร	ง	อ	◌่	◌ี	ร	เ	ข	◌ี	ย	น	ภ	◌ู
ซ	ท	ฐ	◌์	ษ	◌ิ	ด	ะ	ร	ป	ษ	ภ	า	อ	ซ	◌่
เ	ผ	ก	บ	ร	◌ิ	บ	ท	บ	ร	อ	ท	ย	ล	ง	ศ
ถ	ก	เ	ว	อ	น	า	ถ	◌้	ห	ข	ณ	◌ิ	ก	ห	ศ
ฉ	ม	จ	ซ	◌ี	ต	ล	ห	◌ู	ม	อ	ะ	น	แ	ล	ล
ม	ห	า	ก	า	พ	ย	◌์	ผ	น	ม	ถ	ฉ	ก	ล	ต
ท	◌ี	◌่	เ	ก	◌ี	◌่	ย	ว	ข	◌้	อ	ง	ฝ	ว	ก

การผจญภัย
ผู้เขียน
ความเป็นคู่
มหากาพย์
ประดิษฐ์
ผู้บรรยาย
กลอน
เรื่องราว
เขียน
ตลก
บริบท
ผู้อ่าน
วรรณกรรม
บทกวี
ที่เกี่ยวข้อง
นิยาย
หน้า
ชุด
อนาถ

35 - Menschlicher Körper

ฟ	ล	ผ	ค	แ	ไ	ล	ส	ฟ	ต	ข	ฉ	ง	ต	ย	ร
บ	น	◌้	◌ิ	ล	ะ	แ	ล	ฟ	ร	ท	เ	แ	แ	ล	ข
ส	◌ิ	ร	ป	ด	ภ	ซ	ค	า	ง	ฉ	ข	ม	ซ	ป	◌้
ฉ	◌้	ก	ค	อ	ษ	พ	ญ	ธ	ช	ซ	ส	ข	ค	ไ	อ
ญ	ว	ไ	ท	◌ื	พ	ส	ท	ป	ข	ศ	ย	ม	อ	ช	ศ
บ	ณ	ร	ว	ล	ก	ก	ว	า	ฉ	ฝ	ง	ง	อ	ภ	อ
อ	ม	ร	ง	เ	ต	ง	ย	ก	◌ู	ม	จ	ก	ส	ง	ก
ท	ข	ก	ช	ข	เ	ง	ผ	ซ	ง	ญ	ไ	ห	ล	◌่	ห
ช	ผ	า	ป	◌่	ม	◌ื	อ	ผ	ว	ห	◌ั	ว	ใ	จ	◌ู
ญ	ซ	ข	ว	า	ท	◌้	เ	อ	◌้	ข	ซ	ศ	แ	ษ	ป
จ	ด	ภ	ร	ญ	ว	ฟ	า	เ	ห	น	ไ	ว	ณ	ค	ก
ว	บ	ฟ	ะ	ฟ	ถ	จ	ย	จ	ส	น	แ	ต	ไ	ด	ง
ฟ	ส	า	น	ต	ค	ย	ค	ะ	บ	ล	◌้	พ	ย	ต	ห
น	ง	ใ	ษ	เ	ธ	ข	ถ	อ	ณ	ย	ธ	า	ร	ย	◌ั
ผ	◌ิ	ว	ถ	ะ	ม	ห	ถ	จ	ส	ล	ซ	ภ	บ	ฉ	ว
ญ	ย	ก	จ	ต	ญ	ท	ง	บ	น	ไ	พ	ภ	ด	ด	เ

ขา
เลือด
ข้อศอก
นิ้ว
สมอง
หน้า
คอ
มือ
ผิว
หัวใจ

ขากรรไกร
คาง
เข่า
ข้อเท้า
หัว
ปาก
จมูก
หู
ไหล่
ลิ้น

36 - Agronomie

ส	◌ิ	◌่	ง	แ	ว	ด	ล	◌้	อ	ม	ฝ	ศ	ษ	ภ	ม
อ	ญ	ค	ร	โ	ษ	ญ	ซ	อ	ผ	ฉ	บ	น	ท	ภ	ล
ศ	ว	ฝ	ป	ะ	ศ	ก	ล	◌ิ	น	า	ง	ง	◌ั	ล	พ
ก	พ	เ	◌ุ	พ	บ	ย	า	น	ฉ	ถ	ด	ม	ถ	ซ	◌ิ
◌ั	า	ฝ	◌๋	◌ี	ศ	บ	ะ	ท	ร	ข	ง	ม	ถ	ไ	ษ
ผ	ม	ร	ย	ช	ค	อ	ก	ร	แ	ล	เ	ท	ณ	ญ	ว
น	ว	ฝ	ผ	ฉ	ข	ถ	ร	◌ี	ญ	ด	ร	ป	ป	อ	◌ิ
◌ิ	◌ิ	ท	ฝ	ล	ร	ช	◌่	ย	พ	ส	◌ี	ถ	อ	ข	ท
ด	ล	เ	ม	ง	◌ิ	ศ	อ	◌์	ซ	ข	ย	ณ	ซ	ฝ	ย
เ	ส	ญ	ว	ท	พ	ต	น	ษ	◌ำ	◌้	น	ถ	า	อ	า
ะ	ช	ฉ	ล	ศ	ล	จ	ษ	ช	แ	ไ	ก	น	ด	ไ	ศ
ไ	ก	ณ	ไ	ช	ว	ฝ	ญ	น	ย	◌ื	ง	◌่	◌ั	ย	า
พ	ธ	พ	พ	ล	ณ	◌ิ	ด	บ	ว	◌ิ	จ	◌ั	ย	ต	ส
ก	พ	น	า	ล	แ	ะ	ท	ท	ว	ภ	ก	บ	ค	พ	ต
แ	ธ	ญ	ณ	ภ	ด	ณ	ฉ	ย	ว	แ	ณ	ซ	ล	ผ	ร
เ	ก	ษ	ต	ร	ก	ร	ร	ม	า	ฝ	ป	เ	ก	ต	◌์

ดิน
ปุ๋ย
พลังงาน
ร่อน
วิจัย
ผัก
โรค
เกษตรกรรม
ชนบท
ยั่งยืน
อินทรีย์
นิเวศวิทยา
พืช
การผลิต
เรียน
ระบบ
สิ่งแวดล้อม
มลพิษ
น้ำ
วิทยาศาสตร์

37 - Landschaften

น	ธ	ธ	ก	ด	า	ย	ไ	ท	บ	ญ	ข	ร	น	ช	ภ
น	ฟ	แ	ษ	น	ข	ข	ก	ญ	ะ	ไ	ศ	ท	ธ	ะ	◌ู
บ	ช	ผ	น	◌้	เ	ล	เ	ะ	ท	เ	ฝ	◌ุ	ป	ป	เ
ศ	ก	บ	ล	◌ำ	น	ม	ซ	บ	ร	บ	ล	ม	ย	ฉ	ข
ฉ	บ	ต	ล	ต	◌ิ	ศ	อ	ษ	◌ุ	ธ	ผ	ส	ะ	ซ	า
แ	ว	อ	ภ	ก	น	ล	ร	ถ	ห	ห	ค	บ	า	ซ	ท
ภ	ส	บ	◌ู	า	เ	ผ	◌์	ผ	ข	ต	อ	า	ก	บ	ญ
ะ	ณ	◌ื	เ	แ	ม	◌่	น	◌้	◌ำ	ษ	เ	ค	เ	ม	ว
ไ	โ	ง	ข	อ	◌่	า	ว	ท	ะ	เ	ล	ท	ร	า	ย
จ	อ	ด	า	ห	ย	า	ช	ถ	แ	ธ	ภ	ล	ห	ช	ธ
จ	เ	ง	ไ	พ	ฟ	ก	ต	ะ	◌้	เ	ช	ภ	ม	ค	ย
ป	อ	จ	ฟ	ฉ	ณ	ง	ข	◌็	แ	◌ำ	◌้	น	ร	า	ธ
ร	ซ	ท	◌ุ	น	ด	ร	า	ไ	ง	ะ	ว	ญ	ต	ช	ข
ไ	◌ิ	ไ	ป	ย	ร	พ	ภ	น	ด	ว	ไ	ภ	ฝ	ว	ธ
บ	ส	ญ	ถ	ธ	ล	า	ไ	ร	ม	ผ	ฝ	แ	พ	เ	ไ
น	ซ	ภ	◌ู	เ	ข	า	น	◌้	◌ำ	แ	ข	◌็	ง	ธ	ว

ภูเขา
ภูเขาน้ำแข็ง
แม่น้ำ
ไกเซอร์
ธารน้ำแข็ง
อ่าว
คาบสมุทร
ถ้ำ
เนินเขา
เกาะ
ทะเล
โอเอซิส
ทะเลสาบ
ชายหาด
บึง
หุบเขา
ทุนดรา
ภูเขาไฟ
น้ำตก
ทะเลทราย

38 - Abenteuer

ญ	ถ	แ	ผ	ก	า	ย	ม	า	ว	ค	ภ	ก	ญ	ไ	ค
ท	ส	ม	เ	◌ิ	า	น	◌ำ	ร	◌่	อ	ง	◌ิ	ฉ	ช	ว
ว	ท	บ	พ	ด	ด	ร	อ	ษ	ณ	ส	ะ	จ	ซ	ง	า
เ	เ	ง	◌ื	ฝ	ห	ป	ต	ร	ย	ม	ต	ก	ว	ส	ม
บ	อ	า	◌่	ม	ห	ไ	ก	ร	ท	ก	ซ	ร	ป	ห	ป
ย	ส	ท	อ	ฝ	ร	ด	ค	ต	ะ	ฟ	อ	ร	พ	จ	ล
น	ง	น	น	อ	ส	ท	เ	บ	◌ิ	เ	อ	ม	ญ	ฝ	อ
ณ	ฟ	◌ิ	ต	า	ช	ม	ร	ร	ธ	ไ	ต	ล	พ	ล	ด
อ	ษ	ด	ม	อ	◌ั	น	ต	ร	า	ย	ค	ร	า	ด	ภ
ม	ถ	เ	ป	ล	า	ย	ท	า	ง	ส	ว	ธ	◌ี	ฉ	◌ั
ฝ	ณ	ร	แ	ใ	จ	ใ	ก	ล	ป	แ	า	◌่	น	ย	ย
ค	ว	า	ม	ก	ล	◌้	า	ห	า	ญ	ม	ก	ร	ว	ม
า	ษ	ก	ศ	◌ึ	น	ศ	◌ั	ท	จ	ย	ง	ศ	อ	ไ	ฟ
ซ	ป	ธ	า	ค	ผ	พ	อ	ไ	อ	ก	า	ฟ	ภ	โ	ห
ต	ฝ	ฟ	จ	ซ	ล	ล	ง	ภ	ย	ล	ม	ย	ค	า	ภ
ะ	ช	ฟ	อ	ศ	ฝ	ใ	ศ	ง	ล	ว	ห	ถ	ก	ษ	ผ

กิจกรรม
ทัศนศึกษา
โอกาส
จอย
เพื่อน
อันตราย
ธรรมชาติ
นำร่อง
ใหม่
การเดินทาง
ความงาม
ความยาก
ความปลอดภัย
ความกล้าหาญ
ผิดปกติ
น่าแปลกใจ
การตระเตรียม
ปลายทาง

39 - Flugzeuge

ว	ซ	ธ	ฝ	จ	ศ	ห	ห	ท	ส	เ	ฉ	ภ	ใ	ไ	ก
ป	ต	ก	ญ	ก	จ	ก	ไ	◌้	ภ	ร	ศ	ข	บ	ก	ต
ผ	พ	ย	ง	ล	◌ิ	พ	เ	อ	◌้	◌ี	ช	เ	พ	ฉ	ช
ต	ซ	ใ	ฉ	เ	ก	จ	ธ	ง	อ	ค	ด	ช	◌ั	ธ	ห
ห	ว	บ	บ	แ	ก	อ	อ	ฟ	ค	า	ป	ง	ด	ต	ษ
พ	ย	ญ	ณ	ข	ง	า	ร	◌้	ส	อ	◌่	ก	ร	า	ก
ค	ว	า	ม	ส	◌ู	ง	ร	า	ส	ย	ด	โ	◌้	◌ู	ผ
ศ	ข	ซ	ฟ	ภ	ก	บ	ฟ	ต	ต	ษ	ภ	ใ	น	น	ก
ะ	ฉ	ธ	ร	ด	อ	ร	◌ี	เ	ก	◌ู	ล	บ	◌ำ	บ	า
ห	ซ	ศ	ใ	จ	ณ	ร	ถ	ศ	ต	ท	ด	ต	ท	◌ิ	ร
ด	ย	ห	ห	น	ว	ย	ภ	ท	ม	ฝ	อ	ร	า	ก	ผ
ช	ง	ใ	ง	ฉ	ถ	า	ว	น	เ	อ	ร	ด	ง	◌ั	จ
ณ	ภ	ด	ข	ห	ล	ก	ไ	ฮ	โ	ด	ร	เ	จ	น	ญ
ย	ด	ต	ง	ฝ	ล	า	ล	◌ู	ก	โ	ป	◌่	ง	ษ	ภ
ป	พ	ย	ส	ล	ล	ศ	า	ก	า	อ	ย	ถ	ศ	ญ	◌ั
ป	ร	ะ	ว	◌ั	ต	◌ิ	ศ	า	ส	ต	ร	◌์	ต	เ	ย

การผจญภัย
การตกทอด
บรรยากาศ
ลูกโป่ง
เชื้อเพลิง
ลูกเรือ
ออกแบบ
ประวัติศาสตร์
ท้องฟ้า
ความสูง
การก่อสร้าง
อากาศ
นำทาง
ผู้โดยสาร
นักบิน
ใบพัด
ไฮโดรเจน

40 - Haartypen

เ	เ	ย	จ	ค	ฟ	น	ฉ	ท	ช	ฟ	ถ	ท	ป	ป	ฟ
ไ	ฝ	ท	ง	า	ข	า	ว	ย	า	ว	◌ั	ธ	ช	ะ	จ
จ	ซ	ร	ค	ช	ช	ล	ร	ไ	ช	ก	ก	ห	ห	พ	ว
ศ	อ	ฟ	ด	ญ	ผ	◌้	ร	ฟ	ท	แ	เ	ถ	ข	ศ	ป
ฝ	ป	ห	อ	ต	ป	ว	ไ	ะ	ม	ด	ป	จ	ย	ษ	ห
ภ	ป	เ	ช	เ	ญ	◌ั	ฟ	ร	ช	ส	◌ี	ฝ	ณ	ร	ธ
ส	ซ	ฟ	ณ	ง	ไ	ห	น	ท	ฉ	ข	ย	ด	จ	ภ	ข
◌ี	ส	ส	ณ	◌ิ	ย	า	ค	พ	น	ณ	ม	ง	น	ญ	บ
น	ย	◌ี	ถ	น	ม	ส	ด	พ	ห	ย	◌ิ	ก	◌ั	ถ	ศ
◌้	ล	แ	บ	ห	อ	◌่	อ	น	น	◌ุ	◌่	ม	◌ั	ป	น
◌ำ	ธ	ข	ป	ล	น	แ	บ	แ	ค	ฉ	ต	ณ	แ	ย	ย
ต	น	◌็	ท	ไ	อ	า	ส	ห	ถ	อ	พ	พ	แ	ญ	ห
า	ร	ง	า	บ	ว	น	◌ำ	◌้	เ	ง	า	ท	เ	◌ี	ส
ล	ก	แ	ฟ	ด	ฉ	ะ	ด	ง	จ	ธ	ศ	เ	ป	น	ภ
ย	ม	ร	ส	◌ั	◌้	น	◌ี	◌์	จ	ญ	ค	ร	ด	ซ	ป
ฝ	ท	ง	ป	ผ	ภ	ญ	ส	อ	ธ	ษ	ซ	า	ซ	ส	ค

สีบลอนด์
สีน้ำตาล
หนา
บาง
สี
ถัก
แข็งแรง
เงา
สีเทา
หัวล้าน
สั้น
ยาว
หยิก
สีดำ
เงิน
แห้ง
อ่อนนุ่ม
ขาว
หยัก
ถักเปีย

41 - Essen #1

ห	ร	เ	ณ	ภ	ถ	ห	◌ั	ว	ผ	◌ั	ก	ก	า	ด	ส
ณ	อ	ไ	ช	ฟ	แ	ค	ด	น	◌้	◌ำ	ผ	ล	ไ	ม	◌้
า	ไ	ท	เ	น	แ	ว	ต	ม	ซ	เ	ซ	ส	ล	ไ	ว
ย	ค	บ	ย	ภ	ล	า	ต	◌ำ	◌้	น	ป	ส	ผ	อ	ซ
ห	◌ั	ว	ห	อ	ม	น	ก	ป	ร	◌ื	ท	ข	ท	ฟ	ไ
โ	ย	จ	ะ	ศ	น	ะ	า	ไ	ร	◌้	อ	บ	เ	ช	ย
ห	า	บ	แ	พ	า	ม	บ	ช	ษ	อ	ร	ถ	ล	ก	ร
ร	ร	ไ	ะ	ภ	ซ	ง	ข	ณ	พ	ห	ค	บ	◌ู	ร	ญ
ะ	เ	ก	ล	◌ื	อ	น	า	โ	ป	ะ	แ	า	ก	ะ	ห
พ	น	ศ	ภ	ต	ถ	ป	ซ	บ	ก	ม	ท	ร	แ	เ	ไ
า	ข	ว	ง	ธ	ข	ว	ย	ธ	ท	◌ั	ถ	◌์	พ	ท	ก
ซ	ล	ไ	ซ	ช	ษ	ฝ	ณ	ะ	ก	ถ	ผ	เ	ร	◌ี	อ
ผ	ธ	ฝ	◌ุ	ถ	◌ั	◌่	ว	ล	◌ิ	ส	ง	ล	◌์	ย	ง
ฝ	ธ	ญ	ป	ช	ค	ผ	ป	ล	ด	ท	ท	◌่	ห	ม	ศ
ส	ล	◌ั	ด	ฟ	พ	ท	◌ู	น	◌่	า	ป	ย	ฝ	ล	า
ป	า	ถ	บ	ต	ณ	ฟ	น	ท	น	ป	ฟ	◌์	เ	ด	ฝ

โหระพา
ลูกแพร์
ถั่วลิสง
เนื้อ
บาร์เล่ย์
กาแฟ
แครอท
กระเทียม
นม
หัวผักกาด

น้ำผลไม้
สลัด
เกลือ
ผักโขม
ซุป
ทูน่า
อบเชย
มะนาว
น้ำตาล
หัวหอม

42 - Gebäude

ป	ห	า	ส	ภ	ว	ก	ฟ	ซ	เ	ด	อ	ป	ล	เ	โ
ร	อ	บ	ถ	ศ	พ	ฟ	ล	ย	ว	ศ	ช	แ	ว	า	ร
า	ด	ท	า	ย	ล	◌ั	า	ย	ท	◌ิ	ว	า	ห	ม	ง
ส	◌ู	◌ี	น	อ	เ	ว	บ	ร	ป	เ	ถ	ย	ฝ	ค	ร
า	ด	◌่	ท	ค	ไ	พ	า	ค	◌์	า	แ	ผ	อ	เ	ถ
ท	า	พ	◌ู	อ	ศ	ะ	ย	ะ	ร	ม	ร	แ	ง	ร	โ
พ	ว	◌ั	ต	ห	า	ท	พ	ล	ต	ป	ข	ล	ฟ	ส	ง
ส	◌ิ	ก	ส	ข	ศ	ฟ	ง	ง	น	ม	ฝ	ห	ศ	ก	ศ
ธ	น	พ	ไ	ถ	พ	ย	ร	ร	ย	อ	ง	น	บ	ณ	ภ
ด	ย	า	◌ิ	ฝ	ศ	แ	โ	โ	พ	ภ	ถ	ด	อ	บ	ไ
ด	◌ี	ด	ม	ธ	จ	แ	ร	ณ	า	ฝ	ะ	ฝ	ฝ	บ	ผ
ณ	ร	บ	เ	ก	ภ	ข	ง	ย	ภ	ช	ฟ	ฝ	ม	ม	ข
ถ	เ	◌้	ะ	เ	◌ี	◌ั	ก	ผ	ง	โ	ร	ง	น	า	ส
บ	ง	า	◌้	ห	น	ฬ	ณ	จ	ร	า	ข	น	ป	ไ	ไ
ไ	ร	น	ต	ไ	ข	ศ	า	ฑ	โ	ร	ง	ง	า	น	ภ
ญ	โ	ห	ล	ป	ถ	ต	ธ	ท	◌์	น	◌็	ต	เ	ช	ไ

ฟาร์ม
สถานทูต
โรงงาน
โรงรถ
บ้าน
ที่พัก
โรงแรม
ห้าง
โรงภาพยนตร์
โรงพยาบาล
พิพิธภัณฑ์
หอดูดาว
โรงนา
ปราสาท
โรงเรียน
สนามกีฬา
โรงละคร
หอคอย
มหาวิทยาลัย
เต็นท์

43 - Angeln

ห	ญ	ง	ห	เ	ภ	ป	บ	ษ	ษ	ม	ฟ	ข	ด	น	ร
พ	า	ง	บ	ซ	ต	ย	ง	ถ	ห	ส	ด	ห	ค	ข	ช
ถ	ต	ไ	พ	ะ	ฉ	ต	ล	น	ฟ	ฉ	ศ	ล	ถ	า	ซ
ล	บ	า	ส	ล	เ	ะ	ท	ษ	ภ	ผ	บ	า	ล	ก	า
เ	ภ	ไ	◌ำ	◌้	น	ข	ฝ	ก	ศ	ซ	ค	ว	ษ	ร	ย
ญ	ว	ศ	น	ท	ด	อ	ม	า	ว	ค	ฤ	ธ	ก	ร	ว
ง	น	ธ	◌้	ล	ช	ว	ช	◌้	จ	ก	ณ	ด	ง	ไ	เ
ต	ไ	ห	◌่	เ	ฉ	ส	ล	ร	น	ง	ญ	แ	◌ู	ก	ส
า	ไ	ห	ม	จ	พ	ศ	ภ	ก	อ	◌ื	ง	ห	เ	ร	ะ
ช	ด	ษ	แ	ธ	ษ	ย	ง	ะ	◌่	◌ี	ไ	ธ	ค	า	ล
◌ั	ช	า	ย	ห	า	ด	ฉ	ต	◌ื	ศ	ร	ฟ	ร	ห	ว
◌่	อ	◌ุ	ป	ก	ร	ณ	◌์	น	ย	ร	เ	เ	◌ี	า	ก
ง	น	ข	ไ	บ	ต	ก	น	◌ั	ห	◌ำ	◌้	น	บ	อ	ง
ง	ม	ญ	จ	ฝ	อ	ณ	บ	ท	เ	ง	า	ฝ	ง	◌ำ	ง
ม	ห	า	ส	ม	◌ุ	ท	ร	ท	ซ	ะ	ด	ฉ	ม	ท	ศ
ฟ	ม	ย	ง	ฝ	บ	จ	ล	ฉ	ม	จ	ซ	ไ	ฟ	ด	ผ

อุปกรณ์
เรือ
ลวด
ครีบ
แม่น้ำ
ความอดทน
น้ำหนัก
ตะขอ
ฤดู
ขากรรไกร
เหงือก
ทำอาหาร
ตะกร้า
เหยื่อ
มหาสมุทร
ทะเลสาบ
ชายหาด
ตาชั่ง
น้ำ

44 - Essen #2

ช	ข	◌้	า	ว	ส	า	ล	◌ี	ผ	ญ	ร	ศ	เ	ข	บ
ณ	◌็	ช	ม	ท	ป	ซ	ไ	ไ	ป	ธ	ย	แ	ช	◌ื	ร
แ	ต	อ	ศ	เ	า	ม	ผ	จ	ค	ล	ต	ง	อ	◌้	อ
ว	ล	ก	ค	ม	ะ	เ	ข	◌ื	อ	แ	ท	◌ั	ร	น	ก
เ	ค	ช	◌๊	โ	◌ิ	ต	า	อ	ซ	ะ	ฮ	ป	◌์	ฉ	โ
ฟ	ม	จ	ภ	ธ	ก	ช	◌ี	ส	โ	ไ	ช	ม	ร	◌่	ค
เ	ธ	ภ	ข	น	ต	แ	ฉ	ผ	ย	ญ	ญ	น	◌ี	า	ล
เ	ห	ไ	ว	ย	ว	◌้	ล	ก	เ	อ	ต	ข	◌่	ย	◌ี
ภ	ง	◌็	จ	ซ	ไ	ศ	◌้	ต	ก	ย	ม	ป	ะ	ภ	น
ล	ป	ว	ด	ม	ส	ท	◌ิ	ข	◌ิ	ศ	า	ท	ง	ษ	บ
ส	บ	ย	ท	ะ	า	ล	ป	ย	ร	บ	ฉ	อ	ง	ฉ	ธ
ศ	ต	ท	ซ	ญ	ส	ษ	เ	ด	◌์	น	อ	ม	ล	◌ั	อ
ข	พ	แ	ว	ข	ศ	ช	ป	ษ	ต	ศ	ห	ห	ป	ป	ก
◌้	า	ว	ม	ศ	ท	เ	อ	◌ี	ข	เ	ะ	ม	ไ	ด	ก
า	ภ	ศ	ง	ฉ	ต	จ	แ	ห	ภ	ม	ม	จ	ข	ร	ค
ว	ห	น	◌่	อ	ไ	ม	◌้	ฝ	ร	◌ั	◌่	ง	◌่	ล	ธ

แอปเปิ้ล
อาติโช๊ค
มะเขือ
กล้วย
บรอกโคลี
ขนมปัง
ไข่
ปลา
โยเกิร์ต
ชีส
เชอร์รี่
อัลมอนด์
เห็ด
ข้าว
แฮม
ช็อคโกแลต
ขึ้นฉ่าย
หน่อไม้ฝรั่ง
มะเขือเทศ
ข้าวสาลี

45 - Energie

ด	แ	ล	ะ	ส	ต	ไ	ญ	เ	ผ	ท	ด	ฉ	ค	เ	ห
แ	ว	ม	ร	ห	ป	ร	น	อ	ถ	ด	ว	ส	ข	ช	ถ
ณ	บ	ง	ไ	ย	ก	ไ	ซ	น	พ	แ	ซ	ป	จ	◌ี	น
พ	ฟ	ต	อ	ษ	ต	ม	อ	โ	แ	ท	ย	ถ	ษ	◌้	◌้
ก	พ	ล	เ	า	ซ	ส	บ	ท	ด	น	ค	จ	◌ิ	อ	◌ำ
ค	◌ั	จ	า	ต	ท	บ	ณ	ร	ถ	ฟ	บ	ง	พ	เ	ม
ว	เ	ง	ฉ	ศ	อ	◌ิ	ด	ป	ด	◌ี	เ	ซ	ล	พ	◌ั
า	ด	ร	ห	ต	บ	ร	ต	◌ี	ม	ฝ	ซ	ง	ม	ล	น
ม	บ	ธ	ห	◌ั	ท	ฉ	◌ี	ย	ฉ	ฉ	ง	ผ	ม	◌ิ	เ
ร	ฉ	อ	บ	ง	น	ย	ธ	◌่	◌์	ท	แ	ร	ธ	ง	บ
◌้	จ	ซ	ฉ	ท	อ	ไ	ฮ	โ	ด	ร	เ	จ	น	ผ	น
อ	ญ	น	อ	ร	ต	ก	ล	◌็	เ	◌ิ	อ	ญ	ถ	ห	ซ
น	ข	ศ	า	◌้	ฟ	ฟ	ไ	ศ	ต	ห	ฝ	จ	น	า	◌ิ
จ	ด	ญ	ข	ว	โ	ค	า	ร	◌์	บ	อ	น	แ	ธ	น
น	◌ิ	ว	เ	ค	ล	◌ี	ย	ร	◌์	ร	ห	ส	ท	ท	น
เ	ค	ร	◌ี	◌่	อ	ง	ย	น	ต	◌์	ห	ซ	ซ	ค	ส

แบตเตอรี่
น้ำมันเบนซิน
เชื้อเพลิง
ดีเซล
ไฟฟ้า
อิเล็กตรอน
เอนโทรปี
ทดแทน
ความร้อน
คาร์บอน
เครื่องยนต์
นิวเคลียร์
โฟตอน
ดวงอาทิตย์
กังหัน
มลพิษ
ไฮโดรเจน
ลม

46 - Familie

ณ	บ	ซ	ข	ด	ห	ญ	ด	ถ	ไ	ล	ภ	น	ย	ด	ธ
ง	ซ	ห	ป	ห	ล	ธ	ด	ฟ	ง	ก	ร	◌้	แ	ก	แ
อ	ว	ถ	เ	ว	า	ส	น	า	ล	ห	ร	อ	ไ	บ	เ
น	บ	พ	ว	ช	น	พ	ล	ผ	ข	ภ	ย	ง	ผ	า	ป
◌้	◌้	ป	◌้	า	ช	ธ	◌ี	า	พ	ซ	า	ช	ล	บ	ผ
ก	ข	อ	◌่	พ	า	เ	ม	า	ร	ด	า	า	ซ	◌ุ	ค
ล	ถ	อ	ง	ญ	ย	ภ	า	ซ	ศ	ฝ	ป	ย	อ	ท	ง
◌ู	บ	ค	ค	ส	ไ	ก	ส	ว	ศ	แ	น	ฟ	า	ท	จ
พ	ม	ญ	ไ	แ	า	บ	ส	ซ	ช	า	ข	ฝ	ข	ธ	ย
◌ี	ม	ป	ญ	จ	ค	ว	ย	า	ย	ฝ	น	ล	น	ซ	ข
◌่	ก	ไ	ต	ภ	ษ	า	ฝ	ศ	บ	ณ	ะ	ม	ส	ท	จ
ก	ข	ว	ญ	ญ	ว	ส	ณ	ก	ต	ภ	ป	า	ณ	ฝ	ว
◌ู	า	พ	ห	ม	◌่	ก	ด	◌็	เ	ย	◌ั	ว	ษ	ช	ล
ล	ไ	า	น	ไ	ม	◌ู	ส	ด	ข	แ	ถ	ถ	ง	ข	ย
บ	ฉ	ว	ภ	ล	แ	ล	ป	เ	ท	ฟ	ฝ	แ	ศ	ด	ป
ด	ต	ช	ค	ร	บ	ร	ร	พ	บ	◌ุ	ร	◌ุ	ษ	ธ	ผ

น้องชาย
ภรรยา
สามี
ยาย
ปู่
เด็ก
วัยเด็ก
แม่
มารดา
หลานชาย
หลานสาว
ลุง
น้องสาว
ป้า
ลูกสาว
พ่อ
ลูกพี่ลูกน้อง
บรรพบุรุษ
ฝาแฝด

47 - Pflanzen

ฝ	จ	ใ	พ	ล	ล	ล	ง	ล	ว	ษ	ฟ	ช	ว	ษ	ห
ค	ญ	อ	เ	ม	ภ	ง	ส	เ	ฟ	ม	ช	ซ	ส	พ	ด
ภ	ค	ฉ	ถ	ห	น	ล	ถ	ธ	ฉ	ช	ธ	ล	ฟ	ฝ	อ
ค	า	ถ	ข	ป	ว	ผ	ผ	ไ	ร	ท	ถ	า	ข	ห	ฉ
ช	ร	ป	ผ	ภ	ป	ธ	ไ	ใ	ษ	ซ	เ	ฟ	ง	ม	ศ
ย	ก	า	ร	ส	บ	ผ	ธ	ญ	แ	ว	ค	ต	ป	บ	ฉ
◌๋	◌์	ร	ต	ส	า	ศ	ษ	ก	ฤ	พ	ช	ะ	ฝ	ท	ญ
◌ุ	ณ	ใ	ะ	ป	ฝ	ภ	ภ	ม	◌้	ไ	น	◌้	ต	บ	ห
ป	า	ผ	บ	บ	◌ี	ล	ก	อ	ม	ธ	ศ	า	ส	ญ	พ
◌่	◌ี	ว	อ	ไ	อ	ห	จ	ส	ไ	ม	◌้	ไ	ผ	◌่	ส
า	◌้	ญ	ห	ม	ม	ง	ข	ส	ก	ช	ธ	ห	ผ	ใ	ม
จ	า	ท	ท	แ	ก	◌้	เ	◌์	อ	ะ	ท	ะ	น	ไ	◌ุ
ถ	จ	ะ	ษ	ช	ก	ษ	ผ	พ	ด	ฟ	ล	อ	ร	า	น
ง	◌ั	ค	ม	บ	◌ุ	ช	◌ี	พ	ช	ฉ	ห	า	ร	ญ	ไ
ร	◌ี	◌่	◌์	ร	อ	บ	เ	ฟ	ด	ร	ะ	ภ	ณ	ธ	พ
ท	ษ	น	ว	ส	ย	อ	น	ว	ป	ผ	ง	ห	ส	ป	ร

ไม้ไผ่
ต้นไม้
เบอร์รี่
ดอกไม้
กลีบ
ถั่ว
พฤกษศาสตร์
บุช
ปุ๋ย
ไอวี่

ฟลอรา
สวน
หญ้า
กระบองเพชร
สมุนไพร
ใบไม้
มอสส์
พืช
ป่า
ราก

48 - Kunst

ฝ	ร	ส	ญ	ศ	ล	ฝ	ล	ผ	ส	ว	ย	เ	จ	ท	เ
ว	ต	◌ั	น	ว	◌่	ส	น	ศ	ถ	ย	า	เ	ไ	ค	ช
พ	ส	ญ	ภ	ผ	ก	อ	ะ	ม	◌ิ	ท	แ	ด	ข	◌ิ	ล
บ	ม	ล	บ	บ	◌ั	ฉ	น	◌้	ต	ะ	พ	า	ภ	ม	ง
ป	ศ	◌ั	ง	ไ	ร	ท	ซ	ร	ย	ษ	ส	ว	ห	า	ม
ร	อ	ก	ท	า	ง	น	ธ	แ	ศ	อ	ษ	พ	อ	ร	พ
ะ	า	ษ	ศ	ง	า	อ	ด	อ	า	ง	◌่	า	ย	ซ	ฉ
ต	ร	ณ	จ	ย	◌้	ซ	◌่	ซ	ส	ญ	ย	ภ	◌์	เ	ม
◌ิ	ม	◌์	ช	ฝ	ร	◌้	อ	◌ี	ต	ต	ม	ธ	ต	ศ	ด
ม	ณ	ะ	ล	ศ	ส	บ	ศ	ไ	ร	ซ	ร	า	ส	ฝ	ฟ
า	◌์	ส	ธ	ง	ภ	◌ั	ล	ผ	◌์	เ	ย	ว	◌ั	จ	ฝ
ก	ว	ส	เ	อ	ส	ซ	ด	พ	ภ	บ	ก	ป	อ	ธ	บ
ร	ด	บ	ท	ก	ว	◌ี	ห	ธ	ก	ะ	ฟ	แ	◌่	ฟ	ะ
ร	ก	า	ร	แ	ส	ด	ง	อ	อ	ก	า	ต	◌ี	ต	ย
ม	ฉ	ส	◌่	ว	น	ป	ร	ะ	ก	อ	บ	ง	ซ	ณ	พ
ช	ย	ห	ม	ป	ฝ	ค	ร	ญ	ง	ถ	ต	ข	น	ภ	ส

การแสดงออก
ซื่อสัตย์
ง่าย
เรื่อง
ภาพวาด
เซรามิค
ซับซ้อน
ต้นฉบับ
ส่วนตัว
บทกวี
วาดภาพ
สร้าง
ประติมากรรม
อารมณ์
สถิตยศาสตร์
สัญลักษณ์
ภาพ
ส่วนประกอบ

49 - Gewürze

ป	น	แ	ก	ร	อ	ษ	พ	อ	ย	บ	ศ	ร	ะ	น	ศ
ฝ	า	ค	ศ	ญ	ก	ข	อ	พ	อ	ถ	ป	ซ	ผ	◌ั	อ
า	ว	ป	ล	ญ	ย	ม	อ	ห	ว	◌ั	ห	ส	ฝ	ท	ล
ร	ะ	อ	ร	ม	ท	ค	ม	ธ	เ	ธ	ไ	ก	ญ	เ	ร
◌่	ร	ง	ร	◌ิ	ไ	ร	ก	ป	ณ	ถ	ภ	พ	ภ	ม	ส
ห	ก	บ	ค	ค	ก	ก	ร	ะ	เ	ท	◌ี	ย	ม	◌็	ช
ย	ญ	ฟ	ไ	ไ	◌ิ	◌้	ฟ	ภ	ต	น	ท	แ	ต	ก	า
◌ี	จ	◌้	บ	ผ	ร	า	า	ซ	ป	ป	ง	เ	ญ	ป	ต
◌่	ฝ	ว	า	บ	พ	ป	ว	ม	ซ	ไ	◌ิ	ก	ต	เ	◌ิ
ด	ะ	น	น	ฝ	ก	า	น	พ	◌ู	ล	ข	ล	แ	ป	ช
◌็	ด	◌ิ	พ	ง	ร	ห	อ	บ	เ	ช	ย	◌ี	ฝ	ร	ข
ม	ค	ล	ศ	ก	ก	◌ั	◌๊	ย	◌๊	ป	โ	อ	ล	◌ี	ต
เ	บ	า	ส	ม	พ	จ	◌่	น	ส	พ	อ	ส	ส	◌้	บ
ช	ะ	เ	อ	ม	เ	ท	ศ	น	า	ว	ห	ไ	ฟ	ย	ศ
พ	ร	ษ	ถ	ม	ธ	ว	ค	า	บ	ศ	ข	ษ	ณ	ว	ผ
จ	ะ	ไ	ษ	ย	ซ	ม	ช	ร	ห	ร	ษ	ท	ฟ	อ	ณ

โป๊ยกั๊ก
ขม
แกง
เม็ดยี่หร่า
รสชาติ
ขิง
กระวาน
กระเทียม
ชะเอมเทศ
นัทเม็ก
กานพูล
ปาปริก้า
พริกไทย
หญ้าฝรั่น
เกลือ
เปรี้ยว
หวาน
วนิลา
อบเชย
หัวหอม

50 - Kreativität

โ	ด	ย	ธ	ร	ร	ม	ช	า	ต	◌ิ	ก	ภ	ย	ต	ฟ
แ	ค	ล	◌ี	พ	ว	ด	า	ช	ย	ใ	า	า	อ	แ	ย
ฝ	ร	ร	ห	ด	ม	ญ	ท	◌ี	ด	ก	ร	พ	ม	ศ	ล
ภ	น	ง	ฝ	ศ	เ	ข	ซ	ร	◌้	ท	แ	ศ	ค	ช	ส
ป	ม	ท	บ	จ	ย	อ	ธ	ป	ข	ณ	ส	ค	ว	ซ	ณ
พ	ล	◌ั	ง	◌ั	เ	ช	ไ	ห	ซ	ญ	ด	ว	า	ฝ	ถ
น	ม	ใ	ผ	ด	น	ศ	◌ิ	ล	ป	ะ	ง	า	ม	ย	ฝ
ต	◌ิ	ษ	ษ	อ	ป	ด	า	บ	ล	ป	อ	ม	ช	ว	พ
า	◌่	ม	า	ร	ด	ต	า	เ	ย	ญ	อ	ร	◌ั	ส	ณ
ฐ	◌์	ษ	◌ิ	ด	ะ	ร	ป	ล	ห	ไ	ก	◌ุ	ด	ณ	ษ
ะ	ป	ง	ไ	ต	ด	จ	ต	ม	ใ	ณ	ป	◌้	เ	ช	ค
จ	◌ิ	น	ต	น	า	ก	า	ร	ะ	จ	ถ	ส	จ	ษ	ก
ค	ว	า	ม	ป	ร	ะ	ท	◌ั	บ	ใ	จ	◌ึ	น	า	ไ
ภ	ล	ด	ท	◌ั	ก	ษ	ะ	ว	ใ	จ	ฝ	ก	น	ช	ด
ผ	ด	ย	ภ	ะ	ณ	ฟ	ป	ซ	เ	ร	ฝ	บ	ง	ฟ	เ
ฝ	ล	ไ	ช	ส	ค	ว	า	ม	เ	ข	◌้	ม	ข	◌้	น

การแสดงออก
แท้
ภาพ
ดราม่า
ความประทับใจ
ประดิษฐ์
ทักษะ
ไหล
ความรู้สึก
ไอเดีย
แรงบันดาลใจ
ความเข้มข้น
ปรีชา
ความชัดเจน
ศิลปะ
จินตนาการ
โดยธรรมชาติ
นิมิต
พลัง

51 - Geschäft

โ	ร	ง	ง	า	น	◌ิ	ง	เ	พ	ค	ภ	ข	ป	ย	แ
ข	ง	า	อ	า	ช	◌ี	พ	บ	ธ	ฟ	า	ย	ง	ไ	แ
ท	น	◌้	ด	ไ	ย	า	ร	ย	ป	ห	ษ	ถ	อ	ม	ษ
ร	น	จ	พ	น	◌ั	ก	ง	า	น	ร	◌ี	แ	ม	ว	เ
ป	ข	ย	ษ	ป	ษ	ภ	ฟ	เ	ไ	ธ	ะ	ศ	ต	ฝ	ม
ภ	ค	า	ก	ษ	น	ไ	ร	◌้	า	น	ง	ม	ธ	ง	ท
น	ฉ	น	ถ	ร	ญ	ม	เ	จ	ข	ย	ฝ	จ	า	ส	ธ
ร	ท	ต	ซ	า	ส	◌่	ว	น	ล	ด	ก	ฝ	ซ	ณ	◌ุ
ส	ศ	ต	ข	ก	า	ร	ล	ง	ท	◌ุ	น	◌ำ	ภ	ถ	ร
ป	◌ิ	ก	า	ด	ก	แ	ญ	น	ล	ะ	พ	ก	ไ	ป	ก
ฝ	ฟ	น	ย	จ	น	ฉ	ไ	จ	ญ	แ	พ	ณ	ไ	ร	ร
ช	ฟ	ก	ค	◌ั	ค	◌่	า	ไ	ช	◌้	จ	◌่	า	ย	ร
จ	อ	ป	ม	◌้	ไ	ฝ	ร	ไ	ห	ไ	ไ	ฉ	แ	ฉ	ม
ถ	อ	ะ	ง	◌ู	า	ร	ต	น	◌ิ	ง	เ	ญ	ด	บ	ห
น	ไ	ค	ษ	ผ	เ	ศ	ร	ษ	ฐ	ศ	า	ส	ต	ร	◌์
ถ	ถ	ง	ศ	ค	ะ	ผ	ผ	อ	ก	ห	ห	ฟ	บ	จ	บ

นายจ้าง
งบประมาณ
ออฟฟิศ
รายได้
โรงงาน
เงิน
ร้าน
กำไร
การลงทุน
อาชีพ

ค่าใช้จ่าย
ผู้จัดการ
พนักงาน
ส่วนลด
ภาษี
ธุรกรรม
ขาย
สินค้า
เงินตรา
เศรษฐศาสตร์

52 - Ingenieurwesen

ด	ง	ข	ช	ร	ม	ฝ	ท	ะ	ห	ณ	ส	ก	ง	ฝ	ก
โ	ี	ว	ย	ฟ	ุ	ซ	ง	ก	ื	ล	ม	า	ว	ค	า
ภ	ค	เ	ษ	ฉ	ม	ศ	ต	ถ	ด	ั	ว	ร	า	ก	ร
ห	ษ	ร	ซ	ไ	เ	อ	ร	เ	ก	ะ	ก	ก	ธ	ค	ก
ง	แ	ถ	ง	ล	ว	า	ฉ	น	ไ	เ	บ	ร	ก	ว	่
อ	แ	ผ	ซ	ส	ป	ธ	ส	ษ	ญ	ด	ถ	ะ	า	า	อ
ห	ช	ษ	น	ห	ร	ฉ	น	บ	ษ	ซ	ท	จ	ร	ม	ส
ฉ	ผ	ท	ก	ภ	ศ	้	น	ั	ว	ต	เ	า	ค	ม	ร
บ	ญ	บ	แ	ท	า	ก	า	ข	ง	ผ	เ	ย	ำ	ั	้
น	า	ง	ง	ั	ล	พ	ช	ง	แ	ร	ง	ว	น	่	า
ร	ก	จ	ั	ง	อ	่	ี	ร	ค	เ	เ	ศ	ว	น	ง
ซ	ฉ	ฝ	น	อ	เ	จ	ค	แ	ต	ย	ก	ย	ณ	ค	ห
เ	ค	ร	ี	่	อ	ง	ย	น	ต	์	ี	ค	ร	ง	ต
ข	อ	ง	เ	ห	ล	ว	ฝ	ก	ฉ	ก	ย	โ	น	ั	ค
บ	ห	น	า	ท	ด	ย	ี	ส	เ	ง	ร	แ	พ	ถ	ซ
ก	ธ	ณ	ค	ห	พ	ร	ษ	ร	ฟ	ล	์	ธ	ไ	ถ	ต

แกน
แรงขับ
การคำนวณ
แผนภาพ
ดีเซล
พลังงาน
ของเหลว
เกียร์
คันโยก
การก่อสร้าง
เครื่องจักร
การวัด
เครื่องยนต์
แรงเสียดทาน
ความมั่นคง
แรง
โครงสร้าง
ความลึก
การกระจาย
มุม

53 - Kaffee

ก	ร	อ	ง	ร	ข	ข	ไ	ย	ห	ท	ศ	ณ	ผ	ส	า
ฝ	น	อ	ง	ส	อ	เ	ค	ณ	ฟ	ท	เ	แ	ซ	ผ	ณ
เ	บ	ช	ผ	ช	ง	ค	น	ป	ม	ท	ท	ซ	า	ธ	ญ
ผ	ค	ด	ม	า	เ	ฝ	แ	ณ	พ	ต	บ	น	ฝ	บ	ะ
เ	น	ร	ต	ต	ห	ฟ	ณ	า	ค	ด	ซ	ย	ผ	ะ	ศ
น	า	ง	◌ี	◌ิ	ล	า	ต	◌ํา	◌้	น	ฉ	ช	แ	ณ	เ
ซ	ม	ข	เ	◌่	ว	แ	อ	ญ	ธ	น	จ	ว	เ	ก	ไ
ส	◌่	ศ	ศ	ม	อ	ห	น	◌่	◌ิ	ล	ก	ว	ช	ณ	ะ
จ	◌ี	พ	น	ธ	ไ	ง	เ	ส	ม	ศ	ข	◌ํา	◌้	น	ผ
พ	ท	ด	ส	ข	ญ	ง	ด	ล	ว	ไ	ธ	ง	า	◌ี	ม
ร	ญ	บ	◌ํา	ห	ธ	ม	ป	◌ี	ซ	ร	น	ล	ญ	อ	อ
ด	ศ	ช	ป	ช	ณ	ล	ก	ษ	◌่	จ	ห	ล	น	ฟ	ค
◌ี	พ	ย	า	ล	ห	ก	า	ล	ห	ม	า	ว	ค	เ	ร
◌่	ถ	ว	ค	ห	ม	อ	ก	ญ	ห	ณ	ย	ธ	ษ	า	◌ี
ม	อ	◌้	า	ก	ษ	ร	ซ	ก	ม	ค	ฟ	น	ร	ค	ม
ผ	ษ	ถ	ร	ล	ท	ค	ข	ซ	ค	ม	ข	พ	ฝ	ว	ง

กลิ่นหอม
ขม
ครีม
กรอง
ของเหลว
รสชาติ
เครื่องดื่ม
คาเฟอีน
บด
นม
เช้า
ราคา
สีดำ
ถ้วย
ดื่ม
ที่มา
ความหลากหลาย
น้ำ
น้ำตาล

54 - Gemüse

ด	ไ	จ	แ	ส	ภ	ศ	ท	เ	อ	◌ี	ข	เ	ะ	ม	ย
ท	ป	ง	ล	ด	ฟ	ะ	ว	พ	ย	ม	อ	ห	ว	◌ั	ห
ด	อ	ต	ก	น	ง	บ	ร	อ	ก	โ	ค	ล	◌ี	น	◌ั
บ	ถ	ค	ค	ร	อ	ง	ญ	น	จ	ญ	า	น	ผ	ฝ	ว
ง	ร	◌ั	◌่	ฝ	ช	◌ี	ก	◌ั	ผ	ม	พ	อ	◌ั	ร	ผ
แ	า	ด	◌่	ภ	า	ช	ก	ธ	ธ	ค	ช	ไ	ก	◌ั	◌ั
ข	ย	ฝ	◌็	ว	ก	ะ	ห	ล	◌่	◌ำ	ม	ไ	โ	◌่	ก
แ	◌ื	ห	ฝ	ห	อ	า	ต	◌ิ	โ	ช	◌๊	ค	ข	ง	ก
ค	ศ	◌้	ม	ะ	เ	ข	◌ื	อ	ด	น	ธ	ฟ	ม	ฝ	า
ร	ไ	า	น	ก	ร	ะ	เ	ท	◌ี	ย	ม	◌ั	ซ	ซ	ด
อ	ฉ	ฝ	ะ	ฉ	ข	ส	ศ	ก	ก	ซ	ถ	ก	ร	ข	ะ
ท	ส	ล	◌ั	ด	◌่	ษ	ท	อ	ป	บ	ค	ท	ก	◌ิ	ซ
ะ	ย	ย	เ	ส	ณ	า	ว	ก	ง	ต	แ	อ	ห	ง	ญ
ต	อ	ล	ะ	บ	ล	ก	ย	ะ	ย	แ	พ	ง	ง	ภ	อ
ป	ถ	ม	ข	ว	ป	ไ	ณ	ม	ว	ถ	ช	ฝ	น	ว	พ
พ	ด	ไ	ไ	ถ	ถ	ห	พ	ไ	ะ	อ	ต	ษ	ไ	จ	ร

อาติโช๊ค
มะเขือ
กะหล่ำ
บรอกโคลี
ถั่ว
แตงกวา
ขิง
แครอท
มันฝรั่ง
กระเทียม
ฟักทอง
มะกอก
ผักชีฝรั่ง
เห็ด
หัวผักกาด
สลัด
ขึ้นฉ่าย
ผักโขม
มะเขือเทศ
หัวหอม

55 - Schönheit

ม	ต	บ	ห	ว	ร	ข	ซ	ฝ	ส	พ	ก	ย	ถ	ไ	ท
ะ	ณ	ฟ	ข	ด	น	ถ	ร	ก	ไ	ร	ร	ก	◌่	ง	ภ
ศ	ม	เ	ภ	น	ศ	ร	ก	จ	ต	า	ะ	ต	า	า	ต
า	ฉ	ป	ผ	ต	ค	ง	เ	ะ	ล	ก	จ	บ	ย	อ	ถ
ล	◌ิ	ป	ส	ต	◌ิ	ก	ว	น	◌ิ	◌ิ	ก	ค	ร	◌ำ	ษ
ค	ว	า	ม	ง	ด	ง	า	ม	ส	ร	ฉ	ญ	◌ู	ส	ป
บ	ก	◌่	ศ	ง	ถ	ห	อ	◌ั	ต	บ	ศ	ห	ป	ง	ธ
ผ	ง	ง	ก	แ	พ	แ	ก	◌ำ	◌์	ย	ว	ฉ	า	อ	ซ
ฝ	◌ิ	ส	ด	ล	น	ร	ข	◌้	พ	◌ี	อ	ฉ	◌่	◌่	ไ
ธ	ค	ว	ซ	ฝ	◌ิ	ฝ	บ	น	ค	ร	ด	จ	ร	◌ี	พ
ส	◌ี	ซ	ช	น	ไ	◌่	ษ	ษ	ต	เ	ห	ม	า	ร	แ
ภ	ไ	ธ	า	ว	ไ	ซ	น	ไ	พ	ส	บ	ช	ค	ค	ด
แ	ช	ม	พ	◌ู	ต	อ	า	ห	ห	◌์	◌่	น	ส	เ	ผ
ด	ฉ	ศ	ข	ต	ห	ไ	พ	ศ	อ	ย	จ	ค	า	ไ	ฝ
ผ	ล	◌ิ	ต	ภ	◌ั	ณ	ฑ	◌์	ม	ม	◌ิ	ด	ม	ซ	ะ
ญ	ต	ค	ธ	ฟ	ษ	ส	า	ก	ถ	ญ	ศ	ก	ค	ฉ	เ

เกรซ
เสน่ห์
บริการ
กลิ่นหอม
สง่า
ความงดงาม
สี
ถ่ายรูป
เรียบ
ผิว
เครื่องสำอาง
ลิปสติก
หยิก
น้ำมัน
ผลิตภัณฑ์
กรรไกร
แชมพู
กระจก
สไตลิสต์
มาสคาร่า

56 - Ernährung

ง	ไ	ค	ว	◌ิ	ต	า	ม	◌ิ	น	ร	ส	ช	า	ต	◌ิ
ม	ช	◌ุ	ก	ณ	ม	ย	า	บ	พ	ธ	ค	ไ	ถ	ญ	ก
ค	ฟ	ณ	◌ั	ไ	ล	◌ุ	ด	ม	ส	ค	ม	ร	ผ	ส	ช
ล	ญ	ภ	ม	ต	ย	ภ	ร	ท	ว	ฝ	พ	โ	อ	ศ	พ
แ	ย	า	ห	ะ	ร	ก	ม	า	ว	ค	◌ิ	ป	ต	ป	ะ
ญ	ก	พ	ร	ย	◌ี	ด	ข	ท	ม	ซ	ษ	ร	ธ	ด	ท
ส	พ	◌่	า	อ	เ	◌้	เ	ไ	เ	ว	ศ	ต	ป	เ	ฉ
อ	า	◌ี	ก	◌่	◌ี	ไ	ค	ฮ	ไ	ภ	ธ	◌ี	ไ	ป	ห
น	ภ	ร	ง	ย	ซ	น	น	ค	ไ	ด	ะ	น	ป	ณ	ฟ
◌้	ข	อ	อ	ร	ย	◌ิ	ห	ก	ณ	บ	แ	พ	ธ	ส	ส
◌ำ	◌ุ	ล	ป	า	ณ	ก	ร	ศ	ถ	ร	โ	อ	ม	ท	จ
ห	ส	ค	ข	ก	ห	า	ฟ	ง	เ	บ	ซ	◌์	จ	ซ	ะ
น	ม	แ	ฝ	ฉ	น	า	ณ	ต	ญ	ต	ค	อ	ร	า	ะ
◌ั	ผ	ป	ล	ค	ช	ภ	ร	า	ห	า	อ	แ	ส	า	ถ
ก	แ	ข	◌็	ง	แ	ร	ง	ภ	ซ	ฟ	ถ	อ	แ	ต	ค
ข	ฟ	ะ	ฟ	เ	ร	ต	ง	ล	ป	า	พ	แ	ธ	ด	ภ

ความกระหาย
สมดุล
ขม
อาหาร
กินได้
การหมัก
รสชาติ
แข็งแรง
สุขภาพ
ซีเรียล
น้ำหนัก
แคลอรี่
คาร์โบไฮเดรต
สารอาหาร
โปรตีน
คุณภาพ
ซอส
พิษ
การย่อย
วิตามิน

57 - Länder #1

ร	บ	ฉ	ผ	น	เ	ฟ	น	า	ป	บ	จ	ญ	เ	บ	แ
า	ค	อ	ห	อ	ร	ว	◌ิ	น	ก	ไ	ถ	ย	ย	ร	ส
ส	ถ	◌ี	ะ	ร	ก	ส	เ	น	ไ	ว	ย	พ	อ	า	ค
เ	ญ	ย	แ	◌์	ช	ฉ	ธ	น	แ	ษ	ย	ต	ร	ซ	ร
ป	ห	◌ิ	ด	เ	ฟ	ง	ฝ	ย	ซ	ล	◌ี	ธ	ม	◌ิ	ถ
น	ก	ป	ญ	ว	อ	ฉ	ณ	ผ	ณ	◌ุ	น	า	น	ล	ศ
ม	◌ั	ต	ว	ย	ด	◌ี	เ	น	◌ิ	อ	เ	ด	◌ี	ส	แ
ณ	ม	◌์	ก	◌์	ฉ	ซ	ม	ษ	ะ	ไ	า	อ	◌์	ร	ค
ญ	พ	ก	◌ั	ด	ธ	ต	า	า	ห	ฝ	ม	ฉ	ล	ม	น
ณ	◌ู	ญ	า	น	ญ	ก	ะ	น	ล	า	ร	ป	อ	า	า
ก	ช	ฉ	ร	ล	ภ	ร	ค	บ	บ	◌ี	โ	ต	เ	น	ด
ธ	า	ไ	า	แ	ล	◌ั	ต	เ	ว	◌ี	ย	ท	า	ด	า
ะ	ข	ฟ	ก	ป	อ	◌ิ	ต	า	ล	◌ี	ไ	ช	ร	ย	ง
ฉ	า	แ	◌ิ	โ	ต	อ	ย	ก	ป	พ	ศ	ถ	ส	◌ี	ร
เ	ซ	เ	น	ก	◌ั	ล	ษ	ก	อ	ย	ะ	เ	◌ิ	ว	ะ
ไ	อ	แ	ภ	ช	อ	ส	จ	แ	ห	ส	ท	ว	อ	เ	ฝ

อียิปต์
บราซิล
เยอรมนี
ฟินแลนด์
อินเดีย
อิรัก
อิสราเอล
อิตาลี
กัมพูชา
แคนาดา
ลัตเวีย
มาลี
นิการากัว
นอร์เวย์
โปแลนด์
โรมาเนีย
เซเนกัล
สเปน
เวเนซุเอลา
เวียดนาม

58 - Technologie

จ	า	จ	ป	ผ	ด	ข	◌้	อ	ม	◌ู	ล	ม	ง	ณ	เ
ไ	ญ	ฉ	ณ	า	ฉ	ไ	ป	ช	ก	ก	ไ	พ	จ	บ	บ
เ	ผ	ต	ว	ย	แ	ษ	ว	ธ	ส	ง	ล	ช	ค	ไ	ร
อ	ส	ช	ณ	◌ั	ว	ล	ไ	ฝ	ห	ด	ณ	◌้	ม	ซ	า
◌ิ	ด	ม	ป	ภ	แ	บ	บ	อ	◌ั	ก	ษ	ร	อ	บ	ว
น	ห	ญ	◌ื	ด	ค	ง	ม	า	ว	ค	อ	◌้	ข	ง	◌์
เ	ญ	ญ	ซ	อ	ส	ถ	◌ิ	ต	◌ิ	อ	ธ	◌็	ไ	ฝ	เ
ท	บ	ห	อ	ล	น	เ	ถ	อ	ผ	ม	ห	ร	ล	บ	ซ
อ	จ	น	ฟ	ป	ฟ	บ	ร	ภ	ด	พ	ไ	ท	ท	บ	อ
ร	ส	◌้	ต	ม	ข	ผ	อ	ฟ	ว	◌ิ	ฟ	ย	◌ั	ป	ร
◌์	ช	า	◌์	า	ห	ก	ข	ร	◌ิ	ว	ล	อ	จ	ธ	◌์
เ	ณ	จ	แ	ว	เ	ไ	น	ย	จ	เ	◌์	ษ	◌ิ	ป	ธ
น	ธ	อ	ว	ค	ซ	บ	ไ	อ	◌ั	ต	ไ	เ	◌ิ	ไ	ต
◌็	ด	ฝ	ร	ไ	ว	ร	◌ั	ส	ย	อ	บ	ง	ด	ส	แ
ต	ซ	ด	◌์	บ	ล	เ	ภ	บ	บ	ร	ต	ไ	ล	ย	ฝ
เ	ค	อ	ร	◌์	เ	ซ	อ	ร	◌์	◌์	◌์	ป	ญ	ผ	บ

แสดง
หน้าจอ
บล็อก
เบราว์เซอร์
ไบต์
คอมพิวเตอร์
เคอร์เซอร์
ไฟล์
ข้อมูล
ดิจิทัล
วิจัย
อินเทอร์เน็ต
กล้อง
ข้อความ
แบบอักษร
ความปลอดภัย
ซอฟต์แวร์
สถิติ
เสมือน
ไวรัส

59 - Wasser

ม	ง	ย	แ	ษ	ต	ฉ	ไ	ล	ด	า	ษ	ฝ	น	น	อ
ฝ	ข	ไ	ร	จ	ซ	ไ	ะ	ภ	◌ี	ไ	ข	ะ	ฝ	ซ	ป
ธ	◌็	ส	ม	ข	ก	ย	ส	ร	◌่	ง	แ	ด	ค	ร	ข
ห	แ	ซ	ญ	พ	ผ	ธ	ย	ไ	ม	บ	ด	ห	แ	ท	ญ
ถ	◌ำ	ผ	ม	ท	ล	ไ	ช	ฟ	ไ	ข	ซ	ญ	◌ิ	◌ุ	ร
น	◌้	◌ำ	พ	◌ุ	ร	◌้	อ	น	ด	า	บ	ษ	ผ	ม	ไ
◌้	น	◌้	า	ด	ส	ณ	อ	แ	◌้	จ	ช	ศ	ณ	ส	ะ
◌ี	◌่	น	ฉ	ร	อ	ร	ภ	◌ำ	น	◌้	◌่	ม	แ	า	ภ
ช	◌ี	อ	า	ฝ	ธ	ย	ม	◌้	ท	ญ	จ	ด	ภ	ห	า
ฉ	ล	ไ	ย	น	ร	ป	ภ	น	ญ	ห	น	บ	า	ม	จ
บ	ค	ป	ษ	ฟ	ไ	ไ	จ	บ	า	ส	ล	เ	ะ	ท	ท
ด	ะ	ส	ร	ญ	ย	ภ	ก	า	ร	ร	ะ	เ	ห	ย	า
น	ค	ฝ	ะ	ะ	ช	ย	ง	อ	ล	ค	จ	พ	ส	ว	บ
ะ	เ	น	ห	ม	ท	น	◌้	◌ำ	ท	◌่	ว	ม	จ	ฉ	อ
เ	ม	เ	ฟ	ฉ	จ	า	ว	า	ม	ช	◌ี	◌้	น	ธ	ซ
ณ	ว	ต	ผ	ด	ต	ญ	น	อ	ะ	พ	ว	ญ	ด	ก	ม

ชลประทาน
ไอน้ำ
อาบน้ำ
น้ำแข็ง
ชื้น
วามชื้น
แม่น้ำ
น้ำท่วม
น้ำพุร้อน
คลอง
มรสุม
มหาสมุทร
ฝน
หิมะ
ทะเลสาบ
ดื่มได้
การระเหย
คลื่น

60 - Science Fiction

ล	ถ	ป	ห	ต	ค	ห	ข	ธ	ก	ภ	ม	ย	ย	ด	ม
ซ	ย	แ	ม	◌์	ะ	แ	ส	ง	า	า	ก	ป	◌	า	ห
เ	ท	ค	โ	น	โ	ล	ย	◌ี	แ	พ	ฝ	◌ี	โ้	ว	◌ั
ส	ม	า	ง	ย	ภ	ใ	ว	ช	ล	ล	แ	เ	ท	เ	ศ
า	ษ	ภ	เ	น	น	า	ศ	า	ก	ว	ส	ท	เ	ค	จ
ร	ย	ช	พ	◌่	ล	ฉ	ะ	ส	ซ	ง	ไ	โ	ป	ร	ร
เ	ก	า	◌้	◌ุ	ข	ก	ล	แ	◌ี	ต	ฉ	ส	◌ี	า	ร
ค	น	เ	อ	ห	ท	ห	เ	ะ	◌่	า	แ	◌ิ	ย	ะ	ย
ม	ป	ณ	ฝ	ก	า	ร	ร	ะ	เ	บ	◌ิ	ด	ย	ห	◌์
◌ี	ส	ฝ	◌ั	ล	◌ึ	ก	ล	◌ั	บ	ช	ส	ษ	ล	◌์	ะ
◌์	ร	ต	น	ย	พ	า	ภ	ง	ร	โ	◌ุ	ไ	ฟ	ห	ง
ไ	ภ	ป	ค	ส	◌ิ	ท	ธ	◌ิ	◌์	น	ด	ม	ฝ	เ	ช
เ	ซ	ญ	ม	า	ใ	แ	ผ	เ	ท	ศ	ข	ไ	ฝ	ป	ส
อ	ส	◌ี	ง	◌ั	น	ห	อ	โ	ล	ก	◌ี	ต	ฉ	ษ	ต
ส	พ	ม	ภ	ว	ถ	อ	ช	ข	ส	ผ	ด	ก	แ	ค	บ
ส	ถ	า	น	ก	า	ร	ณ	◌์	ศ	ใ	ไ	า	ช	ร	อ

หนังสือ
สารเคมี
ดิสโทเปีย
การระเบิด
สุดขีด
มหัศจรรย์
ไฟ
อนาคต
กาแลกซี่
ลึกลับ

ภาพลวงตา
เพ้อฝัน
โรงภาพยนตร์
สิทธิ์
ดาวเคราะห์
หุ่นยนต์
สถานการณ์
เทคโนโลยี
ยโทเปีย
โล้ก

61 - Literatur

ป	ต	ช	ฉ	ค	ค	ด	ถ	ผ	ห	ด	ส	ง	ว	ว	บ
ด	ย	◌ี	ต	ว	ผ	ว	น	ษ	ก	ไ	◌ั	ผ	ข	ไ	ท
ม	ข	ว	ก	อ	◌็	ล	า	น	ะ	อ	ม	ง	ป	ญ	ว
า	ม	ป	◌ุ	อ	◌ำ	ค	ผ	ม	ล	ภ	ผ	ศ	ถ	ซ	◌ิ
ร	ศ	ร	ซ	ไ	ห	ข	บ	◌ู	เ	ษ	◌ั	ธ	ห	ภ	จ
ม	ณ	ะ	ณ	ษ	ก	◌ั	ล	น	◌้	ห	ส	ะ	ค	ศ	า
บ	ม	ว	บ	ย	ส	ญ	อ	จ	ค	บ	◌็	ล	ไ	ร	ร
ฝ	ธ	◌ั	ไ	แ	ณ	บ	บ	แ	ป	◌ู	ร	น	ต	ไ	ณ
ก	◌ี	ต	ห	◌์	ะ	า	ร	ค	เ	◌ิ	ว	ร	า	ก	◌์
ด	ม	◌ิ	ซ	ช	ฝ	เ	า	แ	บ	ถ	ณ	ธ	ย	ถ	ญ
ผ	◌ู	◌้	เ	ข	◌ี	ย	น	ล	ะ	ป	ห	ฉ	น	า	ช
ก	พ	พ	น	◌ิ	ย	า	ย	ป	◌ุ	ร	ส	ท	บ	ย	ย
ล	ส	ญ	ท	ฟ	ช	ป	ง	ผ	พ	ะ	ว	ห	ง	◌ั	จ
อ	ศ	ว	ป	บ	บ	ท	ก	ว	◌ี	เ	ข	ษ	ะ	ฉ	ไ
น	ศ	ไ	ท	ว	ษ	อ	ศ	ร	ถ	ภ	ท	ป	า	อ	พ
โ	ศ	ก	น	า	ฎ	ก	ร	ร	ม	ท	ช	ม	ะ	ณ	ไ

อะนาล็อก
การวิเคราะห์
ผู้เขียน
ลักษณะ
ชีวประวัติ
บทพูด
ผู้บรรยาย
กลอน
ประเภท
บทวิจารณ์
ความเห็น
คำอุปมา
บทกวี
สัมผัส
จังหวะ
นิยาย
บทสรุป
รูปแบบ
ธีม
โศกนาฏกรรม

62 - Wandern

ธ	ศ	ษ	ฟ	ป	ล	ป	ณ	า	เ	ม	ห	ห	ซ	ส	ฉ
ะ	า	ข	เ	ู	ภ	ฟ	ฐ	อ	อ	ห	ไ	บ	ท	ั	ป
เ	ก	ภ	อ	ก	ผ	ญ	ถ	ม	ถ	ศ	น	จ	ผ	ต	ฟ
ห	า	ท	ฉ	จ	ท	ห	ฟ	ศ	น	ิ	ห	ี	า	ว	ห
ร	อ	ง	เ	ท	้	า	บ	ู	ท	ิ	ด	ต	่	์	ซ
ภ	พ	ญ	ต	ธ	ว	ผ	ญ	ิ	ถ	ษ	เ	ถ	เ	อ	ล
ต	า	ะ	ท	ส	ย	า	ร	ต	น	ั	อ	ท	อ	ด	ย
ด	ภ	ค	ญ	า	ท	้	ญ	า	ฝ	ญ	น	ญ	ศ	ญ	ญ
ร	ส	ฉ	ำ	้	น	น	า	ช	ณ	ญ	ะ	ม	า	ธ	ค
ย	ญ	ค	แ	แ	จ	ห	ศ	ม	เ	ข	ภ	ด	ก	ว	อ
ห	น	ั	ก	จ	น	ถ	น	ร	ษ	ป	ะ	ผ	า	ถ	ข
แ	ผ	น	ท	ี	่	ะ	ผ	ร	ป	่	า	ย	อ	ก	ด
ผ	ด	ห	ท	ข	ธ	ล	น	ธ	ส	เ	ม	ะ	ม	ะ	ค
ศ	ข	ม	ล	ด	เ	ศ	ไ	ำ	จ	ฝ	ธ	ป	ิ	บ	ธ
ด	ว	ง	อ	า	ท	ิ	ต	ย	์	ศ	ต	ย	ู	ญ	น
ก	า	ร	ต	ร	ะ	เ	ต	ร	ี	ย	ม	แ	ภ	ต	อ

ภูเขา
คำแนะนำ
อันตราย
แผนที่
ภูมิอากาศ
หน้าผา
เหนื่อย
ธรรมชาติ
ปฐมนิเทศ
หนัก
ดวงอาทิตย์
หิน
รองเท้าบูท
สัตว์
การตระเตรียม
น้ำ
สภาพอากาศ
ป่า

63 - Länder #2

แ	พ	เ	อ	ธ	◌ิ	โ	อ	เ	ป	◌ี	ย	ห	จ	ย	า
อ	ต	ด	◌์	น	ล	แ	◌์	ร	อ	ไ	ไ	ท	เ	ศ	ว
ล	ฝ	า	า	ณ	ง	ว	ม	ช	◌ั	ส	ไ	บ	น	ไ	ศ
เ	ย	ฝ	ม	ษ	บ	ข	ษ	า	ง	ส	ส	ษ	ป	เ	ศ
บ	ฉ	ร	เ	ม	◌็	ก	ซ	◌ิ	โ	ก	เ	ห	า	ญ	ฟ
เ	ต	◌ั	◌ี	ก	ร	◌ี	ซ	ไ	บ	ส	ม	ซ	ล	ถ	ล
น	น	◌่	ฉ	เ	ษ	ด	พ	า	ย	น	ค	เ	◌ี	ม	า
◌ี	ร	ง	ล	จ	◌ี	แ	น	◌้	ส	า	จ	ม	ไ	ย	ว
ย	ค	เ	ห	ไ	ข	จ	ฉ	ก	แ	ด	เ	ฮ	ต	◌ิ	ป
ย	เ	ศ	เ	ก	ไ	จ	น	ม	ฉ	◌ู	ร	เ	ย	า	ต
ญ	◌ู	ส	ช	า	ส	ฟ	ป	ไ	ง	ซ	ธ	จ	ฉ	พ	ญ
ค	ย	ก	อ	ส	ษ	อ	◌ุ	า	ซ	◌ี	เ	ร	◌ี	ย	ฟ
ศ	ห	ห	◌ั	ฉ	พ	ย	◌่	จ	น	ฉ	ถ	อ	ผ	ฟ	ถ
ไ	ษ	ะ	ผ	น	ล	พ	◌่	ไ	ล	บ	◌ี	เ	ร	◌ี	ย
ะ	ภ	ษ	ะ	ไ	ด	ว	◌ี	ป	า	ก	◌ี	ส	ถ	า	น
ธ	ส	ซ	ร	พ	ม	า	ญ	น	ไ	า	ช	พ	น	ข	ซ

แอลเบเนีย
เอธิโอเปีย
ฝรั่งเศส
กรีซ
เฮติ
ไอร์แลนด์
จาไมก้า
ญี่ปุ่น
เคนยา
ลาว
ไลบีเรีย
เม็กซิโก
เนปาล
ไนจีเรีย
ปากีสถาน
รัสเซีย
ซูดาน
ซีเรีย
ยูกันดา
ยูเครน

64 - Fahrzeuge

ย	น	ถ	แ	พ	ไ	แ	ข	ไ	ธ	ห	ท	ส	แ	ถ	เ
จ	า	ะ	ญ	แ	ณ	ท	ฉ	ม	ธ	เ	ร	ก	อ	ล	ค
ง	◌ั	ง	ร	ต	ฝ	◌็	ด	ว	ร	จ	ถ	◌ู	ฝ	ด	ร
ก	ช	ก	บ	◌์	ข	ก	ฟ	ไ	ถ	ร	ไ	◌๊	ท	ร	◌ี
ท	พ	ถ	ร	น	เ	ซ	ณ	ซ	แ	ถ	ฟ	ต	า	ถ	◌่
ก	ก	ะ	า	ย	ล	◌ี	ญ	ร	ท	ม	ไ	เ	จ	บ	อ
ผ	พ	น	ต	ง	า	◌่	ข	ญ	ร	า	ต	ต	น	ร	ง
เ	ร	เ	า	อ	บ	น	ข	ช	ก	ช	◌้	อ	ป	ร	บ
ร	ซ	ณ	ด	◌่	า	ค	แ	อ	เ	ฉ	ด	ร	เ	ท	◌ิ
◌ี	ธ	พ	ข	◌ี	ย	ผ	ง	ฝ	ต	ถ	◌ิ	◌์	ร	◌ุ	น
อ	ญ	ค	า	ร	พ	ซ	พ	น	อ	ป	น	ต	◌ี	ก	แ
ด	ญ	ข	ล	ค	ถ	น	ป	ผ	ร	ห	จ	ต	อ	ง	ไ
◌ำ	ข	อ	ซ	เ	ร	ญ	ธ	ผ	◌์	ล	ม	เ	ถ	ร	ฟ
น	พ	ร	◌์	อ	ต	เ	ป	อ	ค	◌ิ	ล	ฮ	เ	พ	ฉ
◌้	ฟ	บ	ถ	เ	ร	◌ี	อ	ข	◌้	า	ม	ฟ	า	ก	ห
◌ำ	ค	า	ร	า	ว	า	น	ผ	ค	ร	ก	น	ง	ข	ธ

รถ
เรือ
รถเมล์
จักรยาน
เรือข้ามฟาก
แพ
เครื่องบิน
เฮลิคอปเตอร์
รถพยาบาล
รถบรรทุก
เครื่องยนต์
จรวด
ยาง
สกู๊ตเตอร์
แท็กซี่
รถแทรกเตอร์
รถไฟใต้ดิน
เรือดำน้ำ
คาราวาน
รถไฟ

65 - Musikinstrumente

ไ	ฆ	◌้	อ	ง	อ	ล	ก	ไ	ฝ	ญ	ย	ฉ	บ	ป	แ
แ	ท	ม	บ	◌ู	ร	◌ี	น	ม	า	ร	◌ิ	ม	บ	า	บ
แ	ผ	เ	ม	ษ	พ	เ	เ	ช	ล	โ	ล	ท	ค	อ	น
ฝ	ถ	ร	น	แ	ถ	ต	ป	◌์	ร	า	ฮ	ร	ล	ป	โ
น	ต	บ	ไ	า	ซ	ศ	ม	◌ี	ธ	ผ	ก	อ	า	น	จ
ไ	ช	ธ	ไ	ส	ป	ไ	ศ	ม	ย	ฉ	ซ	ม	ร	จ	ฮ
แ	ม	น	โ	ด	ล	◌ิ	น	พ	ว	โ	ก	โ	◌ิ	ป	า
โ	อ	โ	บ	ษ	ญ	า	ษ	◌ิ	ด	ค	น	บ	เ	◌ี	ร
ล	จ	ส	ไ	จ	ท	ต	ณ	ผ	ล	ย	เ	น	น	◌่	◌์
ล	ษ	ล	ะ	ส	ย	เ	◌ี	ช	ณ	อ	บ	ก	◌็	บ	โ
แ	ซ	ก	โ	ซ	โ	ฟ	น	ร	ม	ศ	โ	ป	ต	า	ม
ข	ผ	เ	ะ	ซ	พ	ป	บ	◌์	ะ	ห	ฝ	ว	ค	ส	น
ล	ป	ฟ	ข	ก	ต	ผ	ณ	า	ด	ฆ	ส	พ	ไ	ซ	◌ิ
◌ุ	ไ	น	น	ผ	ข	ป	ผ	ต	แ	ท	◌ั	ช	ห	◌ู	ก
◌่	ค	น	ภ	น	ป	ช	ด	◌ี	ต	ด	ร	ง	ท	น	◌้
ย	ว	ต	ท	เ	ย	ด	ร	ก	ร	เ	ศ	เ	ฟ	ฝ	า

แบนโจ
เชลโล
ปี่บาสซูน
ขลุ่ย
ไวโอลิน
กีตาร์
ตีระฆัง
ฆ้อง
ฮาร์ป
คลาริเน็ต
เปียโน
แมนโดลิน
มาริมบา
ฮาร์โมนิก้า
โอโบ
ทรอมโบน
แซกโซโฟน
แทมบูรีน
กลอง
แตร

66 - Blumen

ร	ไ	ง	ฟ	น	ฝ	ษ	ด	า	ผ	ล	ก	ห	อ	ร	แ
ฝ	ห	ซ	ญ	เ	ฉ	า	ฝ	ว	ค	ล	ล	ร	ซ	ส	ม
ย	ธ	ไ	แ	ม	ต	น	บ	ไ	อ	ศ	ะ	ห	ด	ร	ก
ย	ม	◌่	ว	ง	ก	ห	ธ	แ	ว	ห	ส	แ	อ	ะ	โ
พ	ะ	เ	ด	ด	ญ	ห	ด	ต	ฟ	แ	ล	ส	ก	ช	น
ซ	พ	จ	ซ	ล	ถ	ฟ	ม	น	า	ฉ	แ	ต	ท	ล	เ
ห	ษ	ข	แ	ไ	ษ	ท	น	ง	ย	จ	ห	ล	า	แ	ล
ล	◌ิ	ล	ล	◌ี	◌่	ล	ผ	อ	ป	ณ	ซ	า	น	ด	◌ี
ไ	แ	ษ	ป	ก	ท	เ	ส	า	ว	ร	ส	เ	ต	น	ย
ม	ะ	ล	◌ิ	◌๊	ล	ก	◌ุ	ห	ล	า	บ	ว	ะ	ด	เ
ส	บ	แ	ข	ห	อ	◌้	ก	ไ	ว	บ	พ	น	ว	◌ิ	ด
ห	ฟ	ไ	ส	ย	บ	ป	ว	ล	ด	ช	◌ุ	เ	◌ั	ไ	ซ
โ	บ	ต	◌ั	◌๋	น	น	ป	ย	◌ี	ก	ด	ด	น	ล	◌ี
โ	ค	ล	เ	ว	อ	ร	◌์	◌ี	ไ	บ	ว	อ	ผ	อ	◌่
ช	◌่	อ	ด	อ	ก	ไ	ม	◌้	◌้	ม	ศ	ร	ณ	อ	ส
ท	◌ิ	ว	ล	◌ิ	ป	ต	ง	ศ	เ	ม	◌้	◌์	ษ	น	แ

กลีบ
พุด
เดซี่
ชบา
มะลิ
โคลเวอร์
ลาเวนเดอร์
ม่วง
ลิลลี่
แดนดิไลออน
แมกโนเลีย
ป๊อปปี้
กล้วยไม้
เสาวรส
โบตั๋น
กุหลาบ
ดอกทานตะวัน
ช่อดอกไม้
ทิวลิป

67 - Natur

ภ	ภ	ถ	ฟ	แ	ผ	อ	ป	ผ	อ	า	า	ฉ	ภ	ณ	ค
ว	บ	ห	ช	เ	แ	ป	น	จ	ถ	น	◌ิ	◌่	ง	ฉ	ว
จ	น	ฆ	ม	เ	ช	ค	เ	ฉ	ผ	อ	ข	ต	จ	จ	า
ผ	ฟ	ด	พ	อ	ส	ท	น	ซ	ด	◌้	แ	ท	ห	ข	ม
ไ	◌ึ	แ	ก	ล	ก	ต	◌ิ	ก	◌์	ร	า	อ	ภ	ล	ง
า	อ	◌้	ถ	ก	า	ข	เ	◌ู	ภ	ต	ญ	ป	◌่	า	า
ร	ต	ข	ง	ก	ม	ว	ท	ไ	ษ	ข	ท	ถ	ฉ	ผ	ม
จ	ง	บ	ด	ฉ	ญ	จ	ล	ท	ท	เ	แ	ร	ษ	น	จ
ง	ข	ม	ค	ต	◌ั	ว	ล	พ	ป	ผ	ม	ส	ะ	ษ	ถ
ส	◌ั	ต	ว	◌์	ค	ร	ญ	า	ษ	ซ	◌่	ถ	ผ	ว	ห
พ	ง	ข	◌็	แ	◌ำ	◌้	น	ร	า	ธ	น	ต	ธ	ง	ฉ
ผ	ศ	น	เ	ถ	ส	ส	ม	ธ	พ	ซ	◌้	ห	น	ณ	ร
ท	ะ	เ	ล	ท	ร	า	ย	ไ	ท	ย	◌ำ	น	ไ	ต	◌่
ญ	า	ย	ด	ษ	ย	ย	ภ	◌ั	บ	ล	ห	◌่	◌ี	ท	อ
น	ค	ไ	บ	ไ	ฟ	พ	ภ	เ	ง	ไ	ฝ	เ	ต	ษ	น
ศ	า	เ	น	ย	ต	ด	น	ส	ส	น	แ	ม	เ	ม	เ

อาร์กติก
ภูเขา
ผึ้ง
พลวัต
ร่อน
แม่น้ำ
สงบ
ธารน้ำแข็ง
นิ่ง
ใบไม้
สำคัญมาก
หมอก
ความงาม
ที่หลบภัย
สัตว์
เขตร้อน
ป่า
เมฆ
ทะเลทราย

68 - Urlaub #2

ภ	ร	ไ	ช	ต	ง	ฝ	ซ	ะ	ร	ล	ผ	ฟ	น	ญ	ไ
า	้	า	จ	า	่	ี	ท	น	ผ	แ	ท	ไ	ิ	ก	ศ
พ	า	ค	ถ	ซ	ย	า	ข	เ	ู	ภ	ผ	ถ	บ	า	ย
ถ	น	า	จ	่	ฝ	ห	ง	โ	ร	ง	แ	ร	ม	ร	เ
่	อ	ไ	ย	ี	ร	ค	า	ช	แ	ซ	เ	ล	า	เ	ต
า	า	ย	ถ	ว	ญ	ร	ถ	ด	า	ฝ	เ	ภ	น	ด	็
ย	ห	พ	ท	ผ	ถ	ล	ร	ษ	ศ	ต	ศ	ง	ส	ิ	น
ม	า	ะ	แ	ว	ย	พ	ก	ะ	ฝ	ฝ	ิ	ถ	ซ	น	ท
แ	ร	ด	ฟ	ั	ค	ฝ	แ	ท	็	ก	ซ	ี	่	ท	์
ฝ	ง	่	ส	น	ข	ร	า	ก	ธ	ล	ธ	ฉ	ร	า	ณ
ห	ร	ค	ถ	ห	ล	ท	ณ	ส	ไ	ด	บ	ณ	ค	ง	ท
ซ	ธ	ญ	ฉ	ย	เ	า	า	ธ	ภ	ล	ไ	ะ	ฉ	ต	จ
ษ	ษ	ก	ต	ุ	ะ	ก	น	จ	ไ	ป	ไ	ว	ท	ฝ	ล
ช	บ	ถ	ล	ด	ท	ง	า	ท	ย	า	ล	ป	ษ	ด	ผ
เ	ว	ล	า	ว	่	า	ง	ะ	ร	ฝ	ม	ว	ผ	ย	ม
ช	า	ว	ต	่	า	ง	ช	า	ต	ิ	น	ย	ข	ล	ด

ชาวต่างชาติ
ต่างชาติ
ภูเขา
สนามบิน
ภาพถ่าย
เวลาว่าง
โรงแรม
เกาะ
แผนที่
ทะเล
การเดินทาง
ร้านอาหาร
ชายหาด
แท็กซี่
การขนส่ง
วันหยุด
วีซ่า
เต็นท์
ปลายทาง
รถไฟ

69 - Barbecues

น	◌็	ย	เ	ร	า	ห	า	อ	ฟ	ฝ	ค	ส	ง	บ	ฝ
ส	ถ	ร	◌่	ก	ไ	ะ	ซ	ไ	ฝ	ภ	ร	ต	ร	ม	ผ
อ	เ	ก	ม	า	ฝ	ย	ศ	า	ม	ฟ	อ	เ	ม	ฉ	ล
ซ	า	ค	ด	ภ	ง	ค	ถ	ญ	ภ	ว	บ	ต	ธ	ไ	ไ
ศ	แ	ห	ว	ข	เ	ฝ	บ	า	ต	ฝ	ค	ถ	ท	ค	ม
ข	ผ	แ	า	า	ต	ด	ด	บ	ไ	ก	ร	ม	ศ	น	◌้
ร	ด	ท	ส	ร	ม	ฉ	ย	จ	ฉ	พ	◌ั	ไ	พ	ธ	ะ
ส	ล	ร	ไ	ช	ก	ห	ส	ล	◌ั	ด	ว	ล	ฉ	ว	ต
◌ั	ข	แ	ต	ส	◌ั	ล	◌ิ	ส	ห	◌ี	ร	ต	น	ด	ฟ
อ	◌ี	ล	ก	เ	ผ	ผ	า	ว	ต	ม	ไ	น	บ	น	ซ
ม	ค	พ	า	ะ	ไ	ผ	ข	ง	ถ	เ	พ	◌ื	◌่	อ	น
ว	ธ	จ	แ	พ	น	ภ	ง	บ	ว	ภ	ง	ฉ	ไ	ร	อ
ไ	ถ	ก	ธ	ต	พ	ซ	ป	เ	ด	◌ั	ล	ซ	ข	◌้	◌้
ซ	ต	า	จ	ช	ง	ธ	ไ	ก	ค	ศ	น	ล	ช	◌ู	ร
ด	ง	ข	ด	ซ	ม	ช	ล	ย	ม	ซ	ะ	แ	ร	ด	น
พ	ร	◌ิ	ก	ไ	ท	ย	ห	◌ั	ว	ห	อ	ม	ศ	ฤ	น

อาหารเย็น
ครอบครัว
เพื่อน
ผลไม้
ส้อม
ผัก
ย่าง
ร้อน
ไก่
ความหิว
มีด
อาหารกลางวัน
ดนตรี
พริกไทย
สลัด
เกลือ
ฤดูร้อน
ซอส
เกม
หัวหอม

70 - Fotografie

ว	ญ	ป	ณ	ศ	ก	ร	ป	ช	ค	ท	ก	ล	ะ	บ	ธ
ฝ	ค	ส	ล	ท	ข	ผ	ะ	ง	ธ	ศ	ร	ช	ข	เ	ฝ
ห	ฉ	แ	แ	ะ	ฝ	ล	ท	ภ	า	พ	อ	ช	ข	แ	ย
ห	ต	ศ	ห	ก	ว	ม	ช	ต	ง	บ	บ	แ	ป	◌ู	ร
จ	ป	ร	ช	จ	ะ	ส	ค	◌ั	เ	ห	ห	ก	ง	ไ	น
พ	◌ี	◌้	น	ผ	◌ิ	ว	◌ี	ด	ห	ข	แ	ง	เ	แ	◌ิ
ถ	า	ด	ณ	พ	ณ	ด	ภ	ก	ช	ฝ	น	ณ	ร	ส	ท
ส	◌ี	ด	◌ำ	ษ	อ	ฟ	จ	◌ั	ล	ฝ	ว	ต	◌ี	ง	ร
ว	ศ	า	ะ	ฟ	น	ร	ธ	น	ป	ศ	ต	ว	◌่	ส	ร
ม	◌ั	ช	อ	ถ	พ	ต	ซ	ช	ผ	อ	◌ั	น	อ	ว	ศ
ไ	◌ุ	ต	ท	ฉ	ล	ไ	ซ	ว	แ	จ	◌้	◌ิ	ง	◌่	ก
ะ	ป	ม	ถ	ค	ว	า	ม	ม	◌ื	ด	ง	ย	ญ	า	า
ภ	ไ	แ	ม	◌ุ	ไ	ซ	ศ	ษ	ห	ย	ห	า	ส	ง	ร
ไ	ป	ะ	ส	อ	ษ	น	ฝ	แ	ธ	อ	จ	ม	ะ	ธ	ว
ญ	ซ	ถ	ฟ	ห	ง	ณ	ศ	ซ	ถ	ง	ก	ล	◌้	อ	ง
ว	ท	ม	ง	ไ	ร	ส	◌่	ว	น	ป	ร	ะ	ก	อ	บ

นิทรรศการ
แสงสว่าง
นิยาม
ความมืด
สี
รูปแบบ
เรื่อง
กล้อง
ตัดกัน
วัตถุ
มุมมอง
แนวตั้ง
กรอบ
เงา
สีดำ
พื้นผิว
ภาพ
ส่วนประกอบ

71 - Küche

ผ	ด	ธ	ส	ย	ศ	ะ	ไ	ต	ว	ษ	ง	ผ	ะ	เ	ผ
◌้	อ	จ	แ	◌ู	ษ	ช	ธ	ผ	พ	ฟ	ษ	น	ญ	ป	◌้
า	ค	ย	ธ	ซ	ต	า	ว	า	แ	บ	พ	ซ	อ	ง	า
ก	ว	ศ	ห	ภ	ก	ร	า	ห	า	อ	บ	ว	ไ	ณ	เ
◌ั	ส	ม	ญ	ไ	ค	ณ	อ	ญ	ว	า	น	ห	ไ	ซ	ช
น	◌้	ฝ	◌ี	ส	ภ	ศ	ช	า	ว	ต	ข	ญ	ง	ข	◌็
เ	อ	ช	แ	ด	ด	ะ	ะ	ศ	ห	เ	ถ	ฝ	ย	บ	ด
ป	ม	◌้	บ	จ	ฟ	ฟ	จ	ท	ะ	า	อ	เ	ซ	ท	ป
◌ี	ษ	อ	ย	ไ	น	ล	อ	เ	ก	ห	ร	ค	ฟ	◌ั	า
◌้	ก	น	◌ี	ก	ผ	ฉ	ธ	ง	า	◌่	ย	ค	แ	พ	ก
อ	ส	ฟ	ก	ฝ	จ	ช	เ	อ	น	ม	อ	อ	ถ	พ	อ
น	ย	◌็	เ	◌้	◌ู	ต	ฉ	◌่	ถ	◌้	ณ	จ	ง	◌ี	◌ี
ข	แ	ศ	ะ	ป	ม	พ	ซ	◌ี	ไ	ป	◌ำ	ถ	◌้	ว	ย
ไ	ห	ฉ	ต	ษ	ช	า	ม	ร	ะ	ฉ	ท	ย	ถ	ญ	ห
อ	เ	ส	ฝ	ศ	ก	ด	ว	ค	ห	ะ	แ	ศ	เ	ะ	เ
ก	า	ต	◌้	ม	น	◌้	◌ำ	เ	ฟ	ส	ถ	ส	ช	ร	ส

อาหาร
ตะเกียบ
ส้อม
เครื่องเทศ
ย่าง
ทัพพี
เหยือก
ตู้เย็น
ช้อน
มีด
เตาอบ
สูตรอาหาร
ผ้ากันเปื้อน
ชาม
ฟองน้ำ
ผ้าเช็ดปาก
ถ้วย
กาต้มน้ำ

72 - Schach

อ	ภ	ล	ฝ	ฝ	ศ	ไ	ไ	ภ	เ	ก	ไ	ช	ถ	ฝ	ธ
น	บ	ถ	ค	ส	อ	ศ	ก	ซ	ส	ช	ไ	ฝ	ฟ	ล	ส
ม	ท	ศ	ฝ	ค	ฟ	ภ	เ	ต	◌้	ฟ	บ	ฝ	ท	ร	ห
ผ	ก	น	ม	ย	ฝ	ส	ร	ช	น	น	แ	ะ	ค	ก	ญ
◌ู	ล	า	ห	ณ	ย	แ	ส	ท	ท	ร	ม	ร	ง	ค	ฎ
◌้	ย	ณ	ศ	ต	า	ง	ป	ด	แ	◌ู	ว	ป	ฝ	บ	ก
เ	◌ุ	ณ	ห	น	ข	ะ	ผ	ว	ย	ฉ	ต	ซ	ไ	ค	อ
ล	ท	ง	ง	ว	ษ	ห	บ	ด	ง	ค	ฝ	ค	ไ	ฉ	ฟ
◌่	ธ	ศ	ค	ฟ	ไ	ด	◌์	ป	ม	ช	แ	ถ	ไ	ณ	ก
น	◌์	พ	ช	ห	ด	ล	ถ	น	◌ุ	บ	ด	ช	น	ญ	ก
เ	ร	◌ี	ย	น	ร	◌ู	◌้	ธ	ม	อ	◌ุ	ท	◌ิ	ศ	ป
ษ	า	ง	ย	◌ำ	ก	า	ร	แ	ข	◌่	ง	ข	◌ั	น	จ
ค	ล	ฉ	ล	า	ด	ฉ	ภ	เ	ฟ	บ	พ	ห	น	อ	ม
ไ	ว	า	ข	ไ	ธ	◌ี	ย	ก	ค	◌ู	◌่	แ	ข	◌่	ง
ต	เ	◌ี	ง	ข	ด	ะ	ส	ม	น	อ	แ	ไ	ถ	ส	บ
ย	ญ	ศ	น	ก	ษ	◌ั	ต	ร	◌ิ	ย	◌์	ป	พ	ะ	ว

แชมป์
เส้นทแยงมุม
คู่แข่ง
ฉลาด
กษัตริย์
ควีน
เรียนรู้
อุทิศ
รู
คะแนน
กฎ
สีดำ
เกม
ผู้เล่น
กลยุทธ์
การแข่งขัน
ขาว
เวลา

73 - Geographie

ง	ษ	ค	ญ	แ	เ	ก	า	ะ	ล	ช	ง	แ	ล	ร	โ
ฝ	อ	ธ	ณ	ม	แ	ะ	อ	น	ก	ร	า	ผ	ช	ต	ล
ย	ฉ	ถ	ร	◌่	ก	ต	น	◌ั	ว	ะ	ต	น	ม	ส	ก
ส	ย	ฝ	ส	น	า	ะ	◌ี	ต	จ	ด	ณ	ท	ผ	◌ู	ล
อ	เ	ฝ	พ	◌้	ร	ข	ห	ท	ก	◌ั	ไ	◌ี	ช	ย	โ
ไ	บ	ก	ซ	◌ำ	ท	ะ	เ	ล	ศ	บ	น	◌่	ผ	◌์	ก
ธ	พ	ธ	พ	ไ	◌ุ	ฝ	ศ	◌ู	บ	ค	ย	ะ	ไ	น	◌ี
ค	พ	พ	น	จ	ม	ล	◌ิ	ต	ภ	ว	ด	ณ	า	ศ	ซ
ต	น	ย	ฉ	ท	ส	ท	ท	พ	ถ	า	◌ี	ซ	น	◌ู	ะ
ก	ช	จ	ไ	ม	า	ว	ด	ญ	อ	ม	เ	ช	ภ	น	ฟ
ะ	ง	ภ	ห	ถ	ห	◌ี	จ	ด	ป	ส	◌ิ	ธ	า	◌้	ฟ
บ	ข	ท	ท	ฟ	ม	ป	◌ู	บ	ฟ	◌ู	ร	ม	ค	ส	แ
ม	ง	ฝ	ม	ย	จ	ณ	◌ิ	ษ	บ	ง	อ	◌ี	ม	เ	ม
ฟ	ไ	ศ	ด	ไ	ภ	ป	ต	ม	ฟ	ฝ	ม	จ	เ	า	ด
ษ	ข	ษ	ฝ	ถ	ป	ร	ะ	เ	ท	ศ	เ	จ	ฝ	จ	ธ
อ	า	ณ	า	เ	ข	ต	ล	แ	อ	ต	ล	า	ส	ะ	า

แอตลาส
เส้นศูนย์สูตร
ภูเขา
ละติจูด
แม่น้ำ
อาณาเขต
ซีกโลก
ระดับความสูง
เกาะ
แผนที่
ทวีป
ประเทศ
ทะเล
เมอริเดียน
ทิศเหนือ
มหาสมุทร
ภาค
เมือง
โลก
ตะวันตก

74 - Zahlen

เ	ฟ	ย	ศ	พ	ส	ย	ก	ไ	เ	ศ	ซ	ส	พ	ข	ท
ค	จ	เ	ก	◌้	า	ก	◌้	เ	บ	◌ิ	ส	◌ิ	ธ	ว	พ
ส	ป	◌็	อ	ว	ม	ธ	ธ	ง	ซ	ภ	อ	บ	บ	ห	ฝ
ะ	◌ิ	ข	ด	ป	แ	บ	◌ิ	ส	เ	จ	ง	ห	ม	แ	ว
ด	ผ	บ	◌ิ	ส	ข	ว	ก	ไ	ด	ญ	อ	ก	ก	ห	ป
ผ	เ	ส	ส	ฝ	ท	ร	เ	ร	จ	อ	ส	ผ	ย	ศ	ท
ซ	ห	◌ิ	า	◌ี	ญ	ญ	ภ	ผ	◌็	ท	บ	ว	อ	ก	ส
ฟ	ณ	◌่	ภ	ช	◌่	ว	ซ	ร	เ	ธ	◌ิ	ซ	ม	ณ	ว
ภ	ฉ	◌ี	บ	น	ค	ผ	ล	ข	บ	ม	ส	เ	ท	ถ	เ
แ	ห	ย	น	ม	ฝ	ว	พ	อ	◌ิ	เ	ช	แ	ภ	แ	ย
เ	ไ	◌์	ส	า	ห	◌้	บ	◌ิ	ส	ใ	ต	เ	ป	ป	จ
ะ	า	น	จ	ส	า	ม	ย	◌ิ	น	ศ	ท	ญ	ศ	ด	น
ฟ	ธ	◌ู	ส	บ	◌้	ห	ก	ล	ย	ว	ร	ภ	ล	น	ษ
พ	บ	ศ	ต	◌ิ	ห	ถ	น	ะ	ซ	ย	ส	ผ	ณ	ช	ฉ
ห	ด	ก	น	ส	ไ	ท	ช	ณ	ศ	ณ	◌ี	เ	ไ	ล	บ
ส	จ	ภ	ข	ย	ส	ง	ะ	ษ	ส	ษ	◌่	ท	ว	ส	ะ

แปด
สิบแปด
ทศนิยม
สาม
สิบสาม
ห้า
สิบห้า
เก้า
สิบเก้า
ศูนย์
หก
สิบหก
เจ็ด
สิบเจ็ด
สี่
สิบสี่
สิบ
ยี่สิบ
สอง
สิบสอง

75 - Tage und Monate

ว	ต	ษ	ห	ว	ต	ม	◌ิ	ถ	◌ุ	น	า	ย	น	ธ	ก
ท	◌ั	จ	ไ	ด	◌ั	◌ุ	ษ	ษ	ม	ฝ	ฉ	ต	ย	◌ั	◌ุ
ม	ส	น	ฟ	◌ี	ป	น	ล	ช	ส	ฝ	พ	ถ	า	น	ม
ว	◌ั	ด	เ	บ	ห	ธ	ศ	า	พ	ซ	ะ	ท	ย	ว	ภ
◌ั	ป	ม	ฝ	ส	แ	ม	ก	◌ุ	ค	ศ	ถ	ร	น	า	า
น	ด	ว	ญ	ห	า	ส	ง	ย	ก	ม	ช	ป	◌ั	ค	พ
อ	า	ห	า	◌ั	ท	ร	ห	ต	ะ	ร	ต	ป	ก	ม	◌ั
า	ห	ซ	ซ	ฤ	อ	ท	◌์	ป	ร	ง	◌์	ฎ	ท	ค	น
ท	◌์	แ	บ	พ	ก	ร	ก	ฎ	า	ค	ม	◌ิ	พ	า	ธ
◌ิ	ธ	พ	◌ุ	น	◌ั	ว	เ	ด	◌ี	อ	น	ท	ถ	ร	◌์
ต	ษ	ต	พ	◌ั	ก	ฝ	ม	ค	า	ห	ง	◌ิ	ส	ก	ส
ย	ไ	จ	ฝ	ว	ญ	ธ	แ	ร	ษ	ข	ก	น	ผ	ม	ง
◌์	พ	ฤ	ศ	จ	◌ิ	ก	า	ย	น	น	ล	ด	ด	ม	ไ
บ	ไ	เ	ว	ไ	ร	ว	◌ั	น	อ	◌ั	ง	ค	า	ร	ฟ
ว	◌ั	น	จ	◌ั	น	ท	ร	◌์	ษ	ไ	จ	ร	ษ	ฝ	า
ค	ส	ถ	ษ	แ	ฝ	ซ	เ	ศ	ต	ไ	ง	บ	ญ	ต	น

สิงหาคม
ธันวาคม
วันอังคาร
วันพฤหัสบดี
กุมภาพันธ์
วันศุกร์
ปี
มกราคม
กรกฎาคม
มิถุนายน
ปฏิทิน
วันพุธ
เดือน
วันจันทร์
พฤศจิกายน
ตุลาคม
วันเสาร์
กันยายน
วันอาทิตย์
สัปดาห์

76 - Emotionen

ก	ค	ค	ะ	ห	ค	จ	ค	ส	◌ั	น	ต	◌ิ	ภ	า	พ
ล	ว	ว	ธ	ธ	ฉ	น	ป	ว	ข	า	ข	แ	ล	ท	ศ
◌ั	า	า	ณ	ไ	จ	ศ	ก	ภ	า	ท	ฉ	ล	ฟ	ย	ไ
ว	ม	ม	ย	ก	ท	ต	ว	ร	ต	ม	า	ก	ด	เ	น
ญ	เ	เ	ค	ว	า	ม	ส	ง	บ	ส	โ	ษ	ธ	ง	ผ
ต	ศ	ม	ข	จ	ป	ด	ฟ	ท	พ	น	ง	ก	◌ั	ร	ข
ป	ร	ต	ว	า	พ	ป	า	ท	เ	ร	ร	บ	ร	า	ก
ศ	◌้	ต	จ	ฝ	ผ	ป	ม	ไ	จ	ร	ห	ง	ศ	ธ	ซ
พ	า	า	ใ	ษ	ผ	ส	า	พ	า	ป	ห	น	ใ	ศ	ญ
เ	ธ	ษ	อ	ง	อ	◌่	◌ื	บ	เ	ข	า	ษ	บ	จ	จ
ส	◌์	ร	พ	ไ	◌์	ร	อ	ซ	เ	ฉ	ถ	จ	ฟ	ม	ช
แ	เ	น	◌ี	◌้	อ	ห	า	น	ต	◌้	เ	น	◌่	◌ี	ต
ผ	ล	ท	ม	ห	น	ใ	ะ	ญ	ค	ช	า	ว	ซ	ม	ผ
◌่	ฉ	ช	ณ	ะ	ห	ม	แ	ไ	ข	ล	ผ	ต	พ	เ	ย
ว	ไ	ฉ	ก	ต	◌ั	ญ	ญ	◌ู	เ	ช	า	ป	อ	ถ	ช
ๆ	ส	ต	ภ	พ	เ	ช	ล	า	ษ	ข	ภ	ย	อ	จ	ฝ

กลัว
ตื่นเต้น
กตัญญู
ผ่อนคลาย
จอย
ความเมตตา
สันติภาพ
เนื้อหา
เบื่อ
รัก
การบรรเทา
ความสงบ
สงบ
ความเศร้า
เซอร์ไพรส์
ความโกรธ
แผ่วๆ
พอใจ

77 - Das Unternehmen

ต	ก	ก	ง	ไ	ะ	ม	ภ	ญ	ไ	ก	ผ	ส	ก	ผ	ล
ซ	ซ	ล	า	ม	ฟ	ส	ห	ถ	ป	า	ล	ร	า	ะ	ไ
ฉ	ศ	โ	จ	ร	แ	า	า	ข	ว	ร	◌ิ	◌้	ร	ภ	ฉ
ร	ะ	ว	◌้	ก	จ	ไ	ะ	ค	ห	ล	ต	า	ต	ภ	ห
ฟ	ก	◌่	า	ย	ห	◌้	ฝ	ผ	ธ	ง	ภ	ง	◌ั	ท	ภ
ป	ม	◌ั	◌่	น	ญ	น	า	จ	ซ	ท	◌ั	ส	ด	ญ	ย
น	จ	ท	ค	ฉ	า	ว	◌่	ง	ไ	◌ุ	ณ	ร	ส	ค	า
น	ว	◌ั	ต	ก	ร	ร	ม	ว	ง	น	ฑ	ร	◌ิ	ท	ม
ค	◌ุ	ณ	ภ	า	พ	ห	ภ	ถ	ย	า	◌์	ค	น	ร	◌ี
ค	ว	า	ม	ค	◌ี	บ	ห	น	◌้	า	น	◌์	ไ	◌ั	อ
ธ	◌ุ	ร	ก	◌ิ	จ	เ	ศ	ฝ	ด	ด	ข	ฝ	จ	พ	อ
ก	า	ร	น	◌ำ	เ	ส	น	อ	ไ	ย	ล	ะ	ณ	ย	า
ช	◌ี	◌่	อ	เ	ส	◌ี	ย	ง	ย	ถ	ผ	ค	ช	า	ช
ภ	ล	ง	ย	◌่	◌ี	ส	เ	ม	า	ว	ค	ศ	อ	ก	◌ี
ธ	จ	ไ	แ	ซ	ว	แ	ร	อ	ร	ท	ซ	ไ	ฝ	ร	พ
ค	ว	า	ม	เ	ป	◌็	น	ไ	ป	ไ	ด	◌้	ล	ร	ศ

การจ้างงาน
หน่วย
รายได้
การตัดสินใจ
ความคืบหน้า
ธุรกิจ
ทั่วโลก
นวัตกรรม
การลงทุน
สร้างสรรค์
ค่าจ้าง
ความเป็นไปได้
การนำเสนอ
ผลิตภัณฑ์
มืออาชีพ
คุณภาพ
ทรัพยากร
ความเสี่ยง
ชื่อเสียง

78 - Kräuterkunde

ศ	ภ	ผ	◌ั	ก	ช	◌ี	ฝ	ร	◌ั	◌่	ง	ไ	ป	ก	ฝ
ส	◌่	ว	น	ผ	ส	ม	พ	แ	ห	อ	ม	ป	ธ	ะ	ร
ซ	ไ	ว	อ	ะ	า	ร	◌่	ห	ย	◌ี	◌่	ด	◌็	ม	เ
ก	า	ร	ท	◌ำ	อ	า	ห	า	ร	โ	เ	ข	อ	ร	◌์
ห	บ	ภ	เ	ม	ไ	ข	ภ	ย	ป	ห	ข	ร	ภ	แ	ท
พ	ญ	ผ	◌ั	ก	ช	◌ี	ล	า	ว	ร	◌ี	น	ห	จ	า
น	น	◌้	ม	ไ	ก	อ	ด	ย	ห	ะ	ย	ภ	แ	โ	ร
ร	ต	ม	า	อ	ป	บ	ฝ	อ	ณ	พ	ว	ว	ค	◌์	◌์
ไ	ส	ป	ซ	ฝ	ท	ภ	ธ	ข	จ	า	ไ	ม	ข	ร	ร
ต	ภ	ช	ย	ว	ร	โ	ร	ส	แ	ม	ร	◌ี	◌่	า	า
ว	ส	ม	า	ห	ไ	◌ั	ญ	ล	ค	ศ	ณ	ภ	า	ม	ก
จ	ล	ข	ง	ต	ผ	แ	◌่	จ	ค	◌ุ	ณ	ภ	า	พ	อ
ว	ท	ต	ไ	อ	◌ิ	น	ะ	น	ไ	ศ	ไ	ย	ธ	ส	น
ก	ร	ะ	เ	ท	◌ี	ย	ม	ษ	ส	ว	น	ด	เ	ไ	ซ
เ	ป	◌็	น	ป	ร	ะ	โ	ย	ช	น	◌์	ธ	ณ	เ	ง
ล	า	เ	ว	น	เ	ด	อ	ร	◌์	ก	ไ	ว	ธ	ผ	ส

หอม
โหระพา
ดอกไม้
ผักชีลาว
ทาร์รากอน
เม็ดยี่หร่า
สวน
รสชาติ
เขียว
กระเทียม
การทำอาหาร
ลาเวนเดอร์
มาร์โจแรม
ผักชีฝรั่ง
คุณภาพ
โรสแมรี่
หญ้าฝรั่น
ไธม์
เป็นประโยชน์
ส่วนผสม

79 - Job Fähigkeiten

ค	ส	ร	◌้	า	ง	ส	ร	ร	ค	◌์	จ	า	ท	ม	เ
ซ	ว	น	ร	ญ	บ	ษ	ะ	ว	แ	ณ	เ	ข	ธ	ย	อ
ท	ร	า	ก	ด	◌ั	จ	ร	า	ก	ร	ว	ป	ย	ย	า
ก	ต	ป	ม	ไ	อ	น	ส	ไ	ษ	ก	ฝ	ช	ช	ถ	ไ
า	ม	ฝ	ง	เ	ด	า	◌ิ	พ	ภ	ห	ว	จ	บ	ว	จ
ร	◌ิ	ม	จ	ซ	ป	◌้	อ	ธ	ญ	ส	ซ	แ	อ	ข	ไ
ส	น	เ	◌ั	ย	ห	◌็	ผ	ม	ท	อ	ง	ผ	ช	ว	ส
◌ื	◌็	ธ	ด	ค	ไ	ญ	น	ล	ป	ข	◌ุ	ส	ด	ห	◌่
◌่	ป	เ	◌้	ท	แ	ร	ค	ผ	ท	ฝ	ช	ท	ผ	ถ	ฉ
อ	เ	ส	ไ	ถ	ห	ศ	ญ	ภ	◌ู	ผ	ณ	เ	◌ิ	ษ	อ
ส	ค	ล	บ	ษ	ศ	ศ	ย	ม	อ	◌้	ร	พ	บ	ศ	ด
า	น	ข	◌ั	ะ	ย	ไ	ห	ย	า	ษ	น	ไ	◌ั	แ	ด
ร	◌์	ณ	ร	า	ก	บ	ส	ะ	ร	ป	เ	◌ำ	ร	ล	จ
ร	ภ	ไ	ป	เ	ช	◌ื	◌่	อ	ถ	◌ื	อ	ไ	ด	◌้	เ
น	ย	อ	ท	ญ	ผ	ศ	ง	ฝ	ถ	ส	ด	บ	ไ	ภ	ข
จ	แ	ฉ	บ	ธ	เ	ส	น	◌่	ห	◌์	ฟ	ภ	ฉ	ช	ช

ปรับได้
เอาใจใส่
แท้
พร้อม
เสน่ห์
ประสบการณ์
เป็นมิตร
ความเป็นผู้นำ
อุทิศ
การสื่อสาร
สหกรณ์
สร้างสรรค์
การจัดการ
จัด
อิสระ
รับผิดชอบ
ได้ผล
เชื่อถือได้

80 - Musik

ก	ท	ม	ญ	ต	ณ	เ	ล	แ	ง	ต	ข	า	แ	ม	ถ
า	จ	◌ำ	จ	ห	พ	ป	ไ	ร	ะ	ะ	ต	ไ	ภ	ห	ม
ร	ด	ธ	น	พ	ก	◌็	จ	ฟ	ฉ	ด	ถ	ม	ญ	ผ	ญ
บ	ม	เ	ะ	อ	ก	น	ล	ต	ล	น	ญ	โ	ต	ส	ฝ
◌ั	ศ	จ	ฝ	ส	ง	จ	ข	ร	ด	ต	แ	ค	อ	ม	ง
น	ง	อ	ร	◌้	ก	◌ั	น	น	า	ร	ไ	ร	◌ั	ผ	พ
ท	า	ส	า	ไ	ด	ง	แ	ใ	ล	◌ี	โ	โ	ล	ส	ต
◌ึ	ส	ท	ส	เ	◌ี	ห	ข	พ	ล	ค	อ	ฟ	บ	า	น
ก	ห	ษ	า	ไ	ะ	ว	ห	ง	◌ั	จ	◌๊	น	◌ั	น	◌ั
ไ	ผ	ล	ร	ต	ข	ะ	ก	เ	บ	พ	ะ	โ	◌้	ค	ก
ด	ภ	ด	ต	ป	ส	ธ	ผ	ท	ด	า	โ	อ	ม	ล	ด
ล	◌ี	ร	◌ิ	ค	◌ั	ล	ร	ซ	บ	ฟ	อ	เ	ษ	า	น
ค	ว	า	ม	ส	า	ม	◌ั	ค	ค	◌ี	◌่	ป	ณ	ส	ต
ฝ	ซ	ไ	ร	◌้	อ	ง	เ	พ	ล	ง	ณ	ร	ต	ส	ร
ห	ม	ฉ	ศ	ง	ข	ะ	ง	ถ	ว	ณ	ต	◌่	ค	◌ิ	◌ี
จ	ฟ	ง	ร	ต	ล	ห	ว	ษ	ข	ซ	ถ	า	ฉ	ก	ค

อัลบั้ม
การบันทึก
บัลลาด
ผสมผสาน
ความสามัคคี
โอ๊ะโอ่
ตราสาร
คลาสสิก
ลีริคัล
ทำนอง
ไมโครโฟน
ดนตรี
นักดนตรี
โอเปร่า
บทกวี
เป็นจังหวะ
จังหวะ
นักร้อง
ร้องเพลง

81 - Antiquitäten

ป	ท	ร	ง	ป	ษ	ภ	า	พ	ว	า	ด	เ	ฟ	ส	เ
ะ	ไ	ไ	่	ี	ร	อ	ล	เ	ล	ก	แ	ง	ส	ง	ห
ธ	บ	ษ	ต	ห	ร	ะ	อ	ฉ	ะ	ค	ช	ี	ษ	่	ร
ร	พ	ว	แ	ช	ว	ค	ต	ก	ล	ร	ล	่	ส	า	ี
์	า	แ	ก	ง	ต	ณ	ิ	ิ	ู	ย	ฟ	อ	อ	่	ย
อ	ภ	ย	ต	แ	ศ	ร	ก	ด	ม	ข	ส	น	ณ	ค	ญ
จ	ณ	น	ก	ฝ	ซ	ู	ป	ฟ	ะ	า	ผ	ไ	ฉ	ศ	ศ
เ	ุ	ณ	ฝ	า	ช	ป	ด	ด	ร	ค	ก	ข	แ	น	ิ
น	ค	ไ	า	ผ	ร	แ	ิ	ถ	ป	า	ษ	ร	ค	ค	ล
ิ	ศ	ผ	ฝ	พ	พ	บ	ผ	ณ	ไ	ร	ป	ล	ร	พ	ป
์	น	ช	ศ	ไ	ช	บ	ว	แ	ก	่	ข	ด	แ	ม	ะ
ร	า	ภ	ค	จ	ภ	ต	ม	พ	จ	ข	ภ	ข	ญ	ล	อ
อ	ไ	ย	ก	ถ	ค	้	ะ	จ	เ	ไ	ด	ไ	ไ	บ	ท
ฟ	บ	ก	า	ร	ล	ง	ท	ุ	น	ษ	ง	ฉ	ภ	ฉ	ข
เ	า	พ	ผ	เ	ถ	น	ฟ	แ	พ	บ	แ	ล	ท	จ	ฝ
ซ	ว	ณ	ข	ฝ	ซ	ศ	ถ	อ	ร	ถ	อ	ง	ฝ	ษ	ท

แก่
รายการ
แท้
ตกแต่ง
สง่า
แกลเลอรี่
ภาพวาด
การลงทุน
ศตวรรษ
ศิลปะ

เฟอร์นิเจอร์
เหรียญ
ราคา
คุณภาพ
ประติมากรรม
รูปแบบ
ผิดปกติ
ประมูล
ค่า
เงื่อนไข

82 - Adjektive #2

น	ล	บ	ด	ญ	ร	ญ	ด	ย	ศ	แ	ห	ห	ม	ห	ะ
า	◌่	ม	า	ร	ด	◌็	ผ	เ	ฝ	ซ	น	ญ	◌ี	จ	ร
แ	ม	า	◌่	ป	า	ล	ธ	ด	พ	แ	ล	ไ	ช	ป	ภ
ธ	ห	◌่	ส	ก	◌ิ	น	ไ	ด	◌้	ศ	ข	ม	◌ี	ส	ต
พ	ใ	ง	ฟ	น	บ	ข	ษ	ส	ท	ไ	ฝ	ย	◌่	พ	ท
ค	อ	ส	ช	ณ	ไ	ะ	ป	ณ	ม	อ	ผ	เ	อ	ศ	ร
ะ	น	ษ	เ	ว	ธ	จ	ถ	ต	ด	ไ	ช	ภ	เ	แ	◌ั
ธ	น	ใ	อ	ฟ	ข	พ	ม	ก	ด	ซ	ข	อ	ส	ด	บ
◌ิ	ง	ซ	ย	ธ	แ	บ	ต	ป	ก	ต	◌ิ	ต	◌ี	ห	ผ
บ	เ	ก	เ	อ	อ	ก	ซ	ง	แ	ท	◌้	ษ	ย	า	◌ิ
า	ข	ง	ส	ร	◌้	า	ง	ส	ร	ร	ค	◌์	ง	ห	ด
ย	ช	ส	ย	ถ	น	ฟ	จ	ค	ศ	แ	แ	ร	เ	◌ิ	ช
อ	◌ุ	ด	ม	ส	ม	บ	◌ู	ร	ณ	◌์	ง	ม	ฉ	ว	อ
ฟ	ะ	ภ	◌ู	ม	◌ิ	ใ	จ	อ	ช	ด	บ	◌็	ม	เ	บ
เ	ป	◌็	น	ธ	ร	ร	ม	ช	า	ต	◌ิ	ค	ข	ผ	อ
ฝ	ฝ	ย	ป	ฝ	ม	ะ	ญ	ห	ก	ป	ไ	เ	บ	แ	ภ

แท้
มีชื่อเสียง
ธิบาย
ดราม่า
สง่า
กินได้
สด
แข็งแรง
หิว
น่าสนใจ
สร้างสรรค์
เป็นธรรมชาติ
ใหม่
ปกติ
อุดมสมบูรณ์
เค็ม
ภูมิใจ
รับผิดชอบ
ป่า
เผ็ด

83 - Kleidung

ข	ช	แ	ภ	ก	ว	ม	ห	ซ	ษ	ส	ท	ไ	ท	ร	ป
ส	◌ุ	ซ	ฟ	ถ	า	ฝ	ช	ง	ภ	ร	ะ	ต	ก	ะ	ส
ศ	ด	ฉ	ภ	ช	ป	ง	ก	ข	า	◌้	ท	เ	ง	อ	ร
ย	น	ญ	แ	ษ	◌ั	ด	เ	ด	ฟ	อ	ร	เ	ม	ถ	◌้
า	อ	ผ	ฟ	บ	ด	◌่	แ	ก	น	ย	อ	ส	แ	◌ุ	อ
ซ	น	ม	ฉ	ห	น	ท	น	ก	ง	ข	ง	◌ี	จ	ง	ย
ผ	◌้	า	พ	◌ั	น	ค	อ	ร	ย	◌้	เ	◌้	◌็	ม	ค
เ	ล	ไ	ล	า	ว	◌้	ซ	ะ	◌ี	อ	ท	อ	ค	◌ี	อ
ข	ส	ะ	พ	พ	ก	โ	ร	โ	น	ม	◌้	ค	เ	อ	เ
ษ	ญ	◌ี	ช	◌ุ	ด	อ	ณ	ป	ส	◌ี	า	ล	ก	ถ	ข
ข	ณ	ศ	◌้	ฟ	ไ	◌้	ะ	ร	◌์	อ	แ	◌ุ	◌็	◌ุ	◌็
ซ	ถ	ว	ฟ	อ	ร	◌ี	บ	ง	ฉ	ว	ต	ม	ต	ง	ม
ค	ะ	บ	เ	บ	ค	ส	จ	ไ	ไ	า	ะ	ต	ป	เ	ข
ผ	◌้	า	ก	◌ั	น	เ	ป	◌ี	◌้	อ	น	ก	ต	ท	◌ั
ย	ผ	ษ	ห	ะ	ง	ษ	ฝ	ผ	ม	ศ	ว	ค	ธ	◌้	ด
ฉ	ท	ต	ข	ภ	น	ว	ฉ	า	ไ	จ	ษ	ฉ	ธ	า	ร

สร้อยข้อมือ
เข็มขัด
สร้อยคอ
ถุงมือ
เสื้อ
กางเกง
หมวก
แจ็คเก็ต
ยีนส์
ชุด
เสื้อโค้ท
แฟชั่น
เสื้อคลุม
กระโปรง
รองเท้าแตะ
ผ้าพันคอ
ชุดนอน
รองเท้า
ผ้ากันเปื้อน
ถุงเท้า

84 - Politik

ส	ว	ผ	บ	ถ	ท	ป	ป	ว	อ	ป	ผ	ก	ม	ค	ก
ญ	ภ	จ	ด	ะ	แ	ด	ล	ณ	ซ	ว	ฉ	น	ร	ณ	ล
ญ	พ	า	ภ	◌ี	ร	ส	เ	ร	ณ	ร	ง	ค	◌์	ะ	ย
ช	◌ั	ย	ช	น	ะ	บ	ไ	ย	ภ	ไ	ไ	พ	ไ	ก	◌ุ
เ	ย	ธ	ต	พ	ม	ษ	ม	ไ	ค	น	ด	ย	ร	ร	ท
ผ	ษ	ง	ค	ว	า	ม	เ	ส	ม	อ	ภ	า	ค	ร	ธ
ค	ร	◌ั	ฐ	บ	า	ล	ฉ	จ	ล	ไ	อ	บ	ม	ม	◌์
ท	ว	ร	ะ	ด	◌ั	บ	ช	า	ต	◌ิ	ซ	ย	◌ั	ก	ง
า	ช	า	น	ศ	า	ท	ณ	บ	ไ	ค	ป	โ	ส	า	ต
ง	จ	ช	ม	ร	ร	ก	จ	ก	◌ิ	ก	◌ั	น	◌้	ร	ร
เ	ะ	ด	จ	น	ภ	า	ษ	◌ี	า	ป	ป	ภ	◌ู	ษ	ก
ล	ศ	ง	ธ	ล	◌ิ	ผ	ถ	ง	ธ	ฝ	ภ	ก	ผ	ะ	ผ
◌ี	จ	ศ	พ	ช	ล	ย	จ	ร	◌ิ	ย	ธ	ร	ร	ม	ฝ
อ	ธ	แ	า	ด	ง	อ	ม	◌ี	เ	ร	า	ก	ก	◌ั	น
ก	ญ	ค	แ	ล	ค	ว	า	ม	เ	ห	◌็	น	อ	ย	ง
ม	ถ	ร	า	ธ	ร	ส	ถ	ก	ห	ห	ป	ม	ต	ฟ	น

นักกิจกรรม
จริยธรรม
เสรีภาพ
ความเสมอภาค
รณรงค์
ผู้สมัคร
คณะกรรมการ
ความเห็น
ระดับชาติ
นโยบาย
นักการเมือง
ความนิยม
สภา
รัฐบาล
ชัยชนะ
ภาษี
กลยุทธ์
ทางเลือก

85 - Farben

ห	ม	ว	ง	ฟ	ธ	ญ	ย	พ	เ	ม	า	ร	ค	ช	ส
ห	ไ	า	ห	ค	ษ	น	ถ	ส	ฉ	ข	เ	ไ	ไ	น	◌ี
ย	บ	ธ	เ	ย	ญ	ง	ณ	ธ	ร	◌้	ป	ฟ	ด	ษ	น
ย	ด	ะ	ฉ	ร	ฟ	ว	ต	ซ	◌ี	เ	ป	◌ี	ย	ไ	◌้
ณ	ะ	พ	ถ	ณ	ษ	า	บ	ซ	ภ	ง	ด	แ	ญ	ง	◌ำ
า	ณ	ล	จ	ฝ	ภ	จ	ไ	เ	ฟ	ด	ฝ	ม	า	ท	เ
ข	ห	ง	ฟ	แ	อ	ง	ะ	ร	ะ	แ	ง	ไ	จ	ต	ง
ส	◌ี	ด	◌ำ	ณ	ฝ	อ	า	ป	บ	◌ี	ฝ	ณ	ง	ะ	◌ิ
ถ	อ	แ	บ	ศ	ช	ล	ษ	ง	า	ส	ส	ฉ	ภ	ค	น
ท	ถ	ง	จ	ห	ห	◌ี	ป	ศ	ฟ	ท	ถ	แ	ก	ศ	ญ
ห	แ	ว	า	ข	ธ	ห	อ	ไ	◌้	◌ู	เ	ฟ	ญ	ฉ	แ
ฝ	ห	ม	ภ	ม	ผ	เ	ว	จ	◌ี	พ	เ	บ	ไ	ฝ	น
ซ	ฉ	◌่	ห	ล	น	◌ี	ข	น	ส	ม	เ	ช	จ	ถ	ญ
ม	ว	◌ี	ภ	พ	ไ	ส	ณ	◌ี	ฟ	ช	ท	บ	◌ี	ษ	ช
◌้	ย	ส	ร	บ	า	ฝ	า	ม	ย	อ	ฉ	ท	ฉ	ย	ศ
ส	◌ี	น	◌้	◌ำ	ต	า	ล	ผ	ง	ว	ม	◌่	◌ี	ส	ะ

สีฟ้า
เบจ
สีน้ำเงิน
สีน้ำตาล
ฟูเชีย
สีเหลือง
เทา
เขียว
คราม
สีม่วง
สีม่วงแดง
ส้ม
สีแดงเข้ม
ชมพู
แดง
สีดำ
ซีเปีย
ขาว

86 - Haus

ป	ะ	ก	ไ	น	น	ฟ	ไ	ง	อ	◌่	ล	ป	ซ	ห	ห
น	ร	จ	ม	ค	อ	ม	ม	ล	◌ิ	ก	ศ	ช	ธ	◌ั	◌ั
เ	◌์	ะ	ผ	น	◌ั	ง	◌้	ษ	ห	ผ	ธ	พ	ต	อ	อ
พ	อ	ร	ต	ษ	ณ	ค	ก	ข	น	จ	า	ต	ศ	ง	ง
ด	จ	ก	ค	◌ู	ภ	ผ	ว	◌้	◌ั	ร	ค	ต	ฉ	น	ไ
า	เ	ซ	ท	ร	ธ	จ	า	ห	ษ	ข	ง	ซ	เ	อ	ต
น	น	ห	ะ	ง	◌ั	ฝ	ด	น	ร	ช	◌ั	ศ	ล	น	◌้
ว	◌ิ	◌้	ย	า	ร	ว	ม	◌้	ย	ต	ล	จ	ย	ท	ห
ส	◌์	อ	ธ	ซ	ไ	ผ	◌ุ	า	ษ	ธ	ห	เ	ไ	ผ	ล
ว	ร	ง	พ	ง	แ	ใ	ส	ต	ต	โ	ร	ง	ร	ถ	◌ั
ะ	อ	เ	เ	บ	เ	ท	ง	◌่	แ	ผ	ม	ษ	ค	ผ	ง
ษ	ฟ	ไ	ม	ค	โ	ล	อ	า	ฟ	เ	ด	น	ฟ	ส	ค
บ	เ	ง	จ	ษ	ซ	ใ	◌้	ง	อ	ย	ใ	ง	เ	ซ	า
ร	ไ	น	ล	ง	ฝ	ล	ห	ธ	ไ	ใ	ษ	ห	ภ	า	ท
ว	ญ	น	ธ	ฉ	ฝ	ร	ด	ถ	ง	ส	ส	พ	แ	ข	ค
อ	า	บ	น	◌้	◌ำ	ญ	ข	ฉ	พ	ญ	ม	ต	ก	ล	ญ

ไม้กวาด
ห้องสมุด
หลังคา
ห้องใต้หลังคา
เพดาน
อาบน้ำ
หน้าต่าง
โรงรถ
สวน
เตาผิง
ครัว
โคมไฟ
เฟอร์นิเจอร์
ห้องนอน
ปล่องไฟ
กระจก
ประตู
ผนัง
รั้ว
ห้อง

87 - Bauernhof #1

ง	บ	แ	แ	ถ	เ	ไ	ไ	ะ	อ	า	ค	ะ	ฝ	ว	ข
จ	ว	เ	พ	า	ก	พ	น	ง	ณ	ผ	น	ถ	ษ	◌ั	น
ห	ะ	ล	ะ	จ	ษ	น	ไ	เ	ป	ซ	ญ	พ	ส	ว	ถ
ซ	ม	า	ร	ก	ต	ช	ต	ไ	ง	ผ	◌ึ	◌้	◌ำ	◌้	น
อ	า	า	◌้	ม	ร	เ	ฟ	ข	า	ห	ด	อ	ญ	◌ั	ด
ผ	น	ว	ล	ญ	ก	ช	แ	◌้	ฟ	ม	ว	ต	ไ	ร	◌ิ
ฟ	ส	ซ	ะ	บ	ร	จ	ผ	า	ญ	◌ู	ย	ร	ภ	ล	◌่
ก	พ	จ	ถ	า	ร	ล	ว	ว	ช	ห	ล	ห	ย	ต	◌ี
ค	ถ	จ	ไ	า	ม	ต	ะ	ป	จ	จ	ท	ช	ซ	แ	ท
ศ	ป	ต	ย	บ	ร	ธ	ฉ	ร	ส	ะ	ภ	ส	ภ	ด	ส
ง	ไ	ภ	อ	ถ	ท	พ	ร	อ	พ	ช	ง	น	ธ	ย	ย
ผ	ษ	จ	ซ	แ	พ	ข	ษ	เ	ไ	ท	า	◌่	ข	ถ	ร
ภ	◌ึ	ป	◌ุ	◌๋	ย	ห	ป	ว	ไ	ไ	ย	อ	ง	ญ	ข
ณ	◌ำ	◌้	น	ว	ล	ไ	แ	ม	ว	ซ	ม	ง	เ	ะ	ฉ
ส	ไ	ก	ง	ย	เ	ข	ก	ก	ห	ต	ภ	ม	ฉ	ฝ	ณ
ม	ธ	บ	ผ	ด	ผ	ต	บ	◌่	อ	◌ี	ก	า	ก	ถ	ค

ผึ้ง
ปุ๋ย
ลา
สนาม
ฟาง
น้ำผึ้ง
ไก่
หมา
น่อง
แมว
อีกา
วัว
ที่ดิน
เกษตรกรรม
ม้า
ข้าว
หมู
น้ำ
รั้ว
แพะ

88 - Regierung

พ	ด	ฝ	พ	ค	ถ	ซ	ห	◌ั	ว	ห	น	◌้	า	ร	ค
อ	ย	◌่	า	ง	ว	ง	ศ	เ	ถ	ห	เ	ร	ค	◌ั	ว
ช	◌์	ไ	ภ	ส	ไ	า	บ	ข	ศ	ด	ย	ณ	ก	ฐ	า
ก	ร	ป	◌ี	ธ	ง	ะ	ม	ต	ข	บ	ญ	ย	ฎ	ธ	ม
า	◌ี	ญ	ร	ด	ฟ	บ	บ	ย	ช	ว	จ	ต	ห	ร	เ
ร	ว	ส	ส	ซ	ข	พ	ก	ถ	◌ุ	ง	น	ไ	ม	ร	ส
เ	า	◌ั	เ	ร	ร	◌ั	ฐ	ม	ท	ต	ต	ป	า	ม	ม
ม	ส	ญ	ต	ะ	ฝ	เ	ญ	จ	ไ	ล	◌ิ	◌ิ	ย	น	อ
◌ี	◌ุ	ล	ช	ด	◌ู	พ	◌ำ	ค	ง	ณ	ซ	ธ	ต	◌ู	ภ
อ	น	◌ั	ด	◌ั	ฉ	ฟ	ช	อ	น	ป	ผ	า	ร	ญ	า
ง	อ	ก	ะ	บ	ซ	อ	◌ิ	ส	ร	ะ	ร	ช	ศ	ร	ค
ไ	ม	ษ	ถ	ช	พ	ล	เ	ร	◌ี	อ	น	ะ	จ	ฉ	ม
บ	ฟ	ณ	ส	า	ฝ	ไ	ผ	ถ	อ	เ	ข	ร	เ	ธ	ฉ
ช	ต	◌์	ฉ	ต	ภ	ถ	ฟ	ช	ไ	ษ	เ	ป	บ	ท	ไ
ก	ล	ด	ธ	◌ิ	ท	◌ิ	ส	ง	จ	ษ	ค	ฝ	ธ	ห	ศ
พ	จ	บ	ย	ล	ผ	ม	ไ	ถ	ฝ	อ	ต	ไ	อ	อ	ะ

เขต
ประชาธิปไตย
อนุสาวรีย์
อย่าง
เสรีภาพ
สงบ
หัวหน้า
ความยุติธรรม
กฎหมาย
ความเสมอภาค
ประเทศ
ระดับชาติ
การเมือง
สิทธิ
คำพูด
รัฐ
สัญลักษณ์
อิสระ
รัฐธรรมนูญ
พลเรือน

89 - Berufe #1

น	◌ั	ก	ธ	ร	ณ	◌ี	ว	◌ิ	ท	ย	า	ช	ษ	ง	ช
ท	ช	◌่	า	ง	ส	ท	พ	ณ	ข	◌์	ภ	◌่	ป	ฉ	ต
น	ป	◌ิ	ล	◌ิ	ศ	ย	ถ	อ	น	ท	เ	า	อ	พ	ป
า	ผ	ท	ธ	ข	ย	ฝ	อ	น	◌ั	พ	ต	ง	ช	ฉ	ญ
ย	อ	ซ	ท	ฝ	ข	ว	ต	ภ	ก	แ	า	ป	ภ	จ	จ
ค	ก	◌ั	ร	ต	ห	ม	ค	ท	เ	ว	ข	ร	พ	ส	ญ
ว	ญ	แ	ญ	◌์	ม	ย	ก	ะ	ป	ต	ด	ะ	เ	ค	ร
า	โ	ม	ล	ม	อ	ข	ผ	บ	◌ี	◌ั	า	ป	พ	ห	า
ม	า	ค	จ	ไ	ณ	ต	ฟ	บ	ย	ส	ศ	า	ข	ด	ค
พ	ต	ห	◌้	แ	ข	◌ี	เ	ป	โ	ญ	ษ	ษ	ล	ธ	า
ย	ก	แ	ช	ช	ฝ	ษ	ฟ	น	น	ต	◌้	เ	ก	◌ั	น
า	ต	ท	◌ู	ช	า	ร	ร	ค	◌ั	อ	ก	อ	เ	ง	ธ
บ	น	◌ั	ก	ด	น	ต	ร	◌ี	ว	ฮ	ง	า	ว	อ	ย
า	น	◌ั	ก	ด	า	ร	า	ศ	า	ส	ต	ร	◌์	า	า
ล	ค	ต	ป	ป	ว	ฟ	น	◌ั	ก	บ	◌ั	ญ	ช	◌ี	น
น	◌ั	ก	จ	◌ิ	ต	ว	◌ิ	ท	ย	า	ด	ป	ข	ถ	ณ

หมอ
นักดาราศาสตร์
นายธนาคาร
เอกอัครราชทูต
นักบัญชี
นักธรณีวิทยา
ฮันเตอร์
อัญมณี
ช่างประปา
พยาบาล
ศิลปิน
ช่าง
นักดนตรี
นักเปียโน
นักจิตวิทยา
ทนายความ
นักเต้น
สัตวแพทย์
โค้ช

90 - Adjektive #1

ล	ญ	ห	ส	ป	ท	ม	ว	ล	า	ฉ	า	ผ	ช	ค	ต
ย	◌ื	แ	ว	ไ	แ	◌ั	◌ี	ณ	ค	ณ	ซ	◌ู	ร	ล	ศ
ไ	ฉ	ก	ย	เ	ณ	ภ	น	ด	◌่	ไ	พ	◌้	ก	◌่	ผ
ฉ	ฟ	ณ	◌์	ร	◌ู	บ	ม	ส	◌ี	ศ	ะ	บ	ณ	อ	ร
จ	ภ	ช	◌้	า	เ	ธ	ม	ข	ม	แ	ด	ร	ล	ง	จ
ม	ธ	ผ	น	ศ	แ	ล	แ	ณ	ภ	◌ั	ส	◌ิ	ย	แ	ด
ธ	บ	ฝ	ฝ	◌ิ	ช	อ	ง	ล	จ	แ	ย	ส	จ	ค	ช
ป	า	ว	ร	ล	น	บ	า	ห	ธ	น	ส	◌ุ	น	ล	ไ
บ	ง	ง	ไ	ป	ฉ	ข	ไ	อ	ห	◌่	◌ำ	ท	ก	◌่	บ
ถ	ข	ด	ท	ะ	ป	ก	ท	ม	ส	น	ค	ธ	◌ั	ว	ล
พ	ซ	◌ี	◌่	อ	ส	◌ั	ต	ย	◌์	อ	◌ั	◌ิ	น	ฉ	พ
ซ	ง	ญ	ฝ	อ	ก	น	า	ฟ	เ	น	ญ	◌์	อ	ซ	ช
พ	ไ	ณ	ษ	ษ	ต	ห	ฟ	ม	ะ	ส	ฉ	ย	◌ี	ย	ไ
อ	ถ	พ	บ	จ	ข	ส	◌ุ	ม	า	ว	ค	◌ี	ม	ด	พ
ม	◌ี	เ	ส	น	◌่	ห	◌์	ช	ย	ษ	พ	ใ	ห	ญ	◌่
ช	ฉ	ข	ฉ	ซ	ร	ษ	ว	ษ	ไ	ช	ข	ศ	เ	ด	จ

แน่นอน
คล่องแคล่ว
หอม
มีเสน่ห์
มืด
บาง
ซื่อสัตย์
มีความสุข
เหมือนกัน
ศิลปะ
ช้า
ทันสมัย
สมบูรณ์
ใหญ่
สวย
หนัก
ลึก
ผู้บริสุทธิ์
มีค่า
สำคัญ

91 - Geometrie

ต	◌ั	ว	เ	ล	ข	ศ	ห	ม	ช	ผ	ร	ช	ผ	เ	ไ
ก	ศ	ร	ย	ะ	ว	ก	า	ฝ	พ	ถ	ซ	ญ	ณ	อ	ว
า	เ	ผ	ถ	ไ	ป	ม	ย	◌่	◌ี	ล	ห	เ	ม	า	ส
ร	ไ	เ	ร	ะ	ษ	◌ี	ฝ	ค	ฎ	ร	ศ	ท	ส	บ	ฝ
ค	บ	ข	ไ	ว	ซ	ศ	ง	ถ	ษ	ว	ง	ก	ล	ม	ม
◌ำ	ห	ก	ข	า	ไ	◌ั	ท	ย	ฤ	แ	ถ	ภ	ก	ว	น
น	า	น	ข	ง	ไ	ร	ล	ภ	ท	น	ต	ร	ร	ก	ะ
ว	ว	เ	ส	◌้	น	โ	ค	◌้	ง	ว	อ	า	ช	ส	ฉ
ณ	ง	◌่	ณ	◌ั	ม	◌ุ	ม	เ	◌ู	น	ม	ว	ถ	เ	ช
พ	บ	ท	ส	ต	◌ิ	◌ิ	ม	ศ	ส	อ	ส	ห	ร	ฉ	เ
ไ	ว	เ	ไ	ว	ข	ว	ะ	ท	ม	น	ธ	ม	ท	ะ	อ
ญ	ข	เ	ต	น	ผ	ผ	ฉ	ก	า	ฝ	ต	ะ	ก	ห	เ
ะ	ณ	ฉ	ไ	แ	แ	ฝ	ส	ส	ว	ต	ฟ	ษ	ภ	า	ย
พ	◌ี	◌้	น	ผ	◌ิ	ว	อ	ผ	ค	ป	ะ	แ	ร	ะ	ร
ไ	ญ	ส	◌ั	ด	ส	◌่	ว	น	ส	ม	ม	า	ต	ร	แ
ว	จ	ด	ซ	ป	ฉ	ศ	แ	บ	ซ	ภ	ษ	ไ	ฉ	ญ	ไ

สัดส่วน
การคำนวณ
มิติ
สามเหลี่ยม
สมการ
แนวนอน
ความสูง
วงกลม
เส้นโค้ง
ตรรกะ
มวล
ตัวเลข
พื้นผิว
ขนาน
รัศมี
ส่วน
สมมาตร
ทฤษฎี
แนวตั้ง
มุม

92 - Jazz

ย	ท	ภ	เ	ะ	ร	ป	ด	ท	ญ	ง	า	พ	ล	ม	จ
ฉ	ท	ไ	ค	ส	◌ี	ร	ต	น	ด	ง	ว	ร	อ	◌ี	แ
ท	ป	ฝ	ใ	ด	◌ี	ร	ส	ษ	ต	ข	ย	ส	ข	ช	ถ
เ	ฏ	ป	ช	ว	เ	ย	◌ู	ธ	ห	ร	◌่	ว	บ	◌ี	อ
เ	◌ิ	ง	ล	ะ	บ	ะ	ง	ป	ย	น	◌ี	ร	ฝ	◌่	ศ
ภ	ภ	ญ	แ	อ	า	ไ	ะ	ป	แ	ษ	ด	ร	แ	อ	◌ิ
ะ	า	ด	ล	ถ	ว	ฉ	เ	อ	ร	บ	เ	ค	ก	เ	ล
ห	ณ	ร	◌ี	ต	น	ด	ก	◌ั	น	บ	บ	◌์	◌่	ส	ป
ก	โ	ป	ซ	ษ	อ	ษ	ง	ล	พ	เ	ม	ป	จ	◌ี	◌ิ
ณ	ว	โ	ผ	ข	ญ	ค	ษ	บ	ด	ถ	ะ	◌ี	ร	ย	น
ง	ห	ร	ท	ะ	ว	ห	ง	◌ั	จ	ฉ	ภ	ท	อ	ง	ไ
ใ	า	า	ญ	ธ	ผ	ท	ง	◌้	ถ	ป	ช	อ	ห	ศ	ษ
ห	ร	ก	ว	จ	า	ข	ป	ม	ย	เ	ท	ค	น	◌ิ	ค
ม	ห	ย	ต	น	◌ั	ก	แ	ต	◌่	ง	เ	พ	ล	ง	ช
◌่	อ	า	ผ	ก	ม	เ	ย	ว	ฝ	ท	อ	อ	ใ	ล	ไ
ล	ต	ร	◌์	◌ิ	ส	เ	น	อ	ค	ร	ผ	ไ	อ	ใ	ด

อัลบั้ม
แก่
เสียงปรบมือ
มีชื่อเสียง
รายการโปรด
ประเภท
ปฏิภาณโวหาร
นักแต่งเพลง
คอนเสิร์ต
ศิลปิน
เพลง
ดนตรี
นักดนตรี
ใหม่
วงดนตรี
จังหวะ
เดี่ยว
รูปแบบ
พรสวรรค์
เทคนิค

93 - Mathematik

ส	ต	ถ	ธ	ม	ณ	ม	ร	า	ก	ม	ส	จ	ธ	ศ	พ
ม	◌ิ	ต	ภ	ต	ก	◌ุ	ต	◌ั	ป	ด	ท	ฝ	ค	จ	ม
ฟ	ณ	ร	ว	ถ	ผ	ม	า	ก	ศ	ซ	ด	เ	ฝ	ต	ไ
ส	ค	ห	ภ	บ	เ	ย	ม	ห	ค	ม	ภ	บ	แ	ถ	อ
ล	า	ศ	ง	อ	ภ	◌ิ	ม	ถ	า	พ	◌ี	ไ	ะ	แ	ฉ
ด	ข	ม	ท	พ	ข	น	ส	ว	ว	เ	จ	บ	ผ	ต	ะ
ก	ร	ร	เ	ส	ศ	ศ	ท	ส	ว	ง	ข	ฝ	ธ	ซ	บ
ค	เ	ณ	ค	ห	บ	ท	ถ	แ	ท	ง	ไ	ฉ	ว	ห	เ
ต	◌ิ	ณ	ค	ข	ล	เ	ส	◌้	น	ร	อ	บ	ว	ง	ผ
ส	ณ	ถ	ธ	ศ	ค	◌ี	ถ	ล	ถ	ม	ไ	เ	ม	น	ณ
ล	อ	ท	ต	ฟ	น	ว	◌่	ส	ษ	ศ	เ	ล	ไ	ร	น
ห	ม	า	ย	เ	ล	ข	ป	ย	ถ	ธ	ถ	ท	ง	ธ	ท
ต	◌ั	ว	แ	ท	น	เ	ษ	ก	ม	ก	า	ณ	ฝ	ย	ม
ต	◌ั	◌้	ง	ฉ	า	ก	ร	ว	ม	ข	น	า	น	ค	ะ
ร	ะ	ด	◌ั	บ	เ	ส	◌ี	ย	ง	ล	ร	ผ	ฉ	ล	จ
ป	ซ	ป	ข	จ	ข	ต	อ	ญ	ไ	า	ช	ฟ	แ	ค	ธ

เลขคณิต
เศษส่วน
ทศนิยม
แผนก
สามเหลี่ยม
ตัวแทน
เรขาคณิต
สมการ
องศา
ขนาน
รัศมี
ตั้งฉาก
รวม
สมมาตร
เส้นรอบวง
ระดับเสียง
มุม
หมายเลข

94 - Messungen

ท	ม	ว	ล	ใ	ไ	ค	ห	บ	ผ	น	ช	า	ป	ฉ	ฝ
ป	พ	ฝ	ฉ	น	ข	บ	ว	แ	ก	◌ื	ล	ม	า	ว	ค
ช	พ	า	พ	ฉ	ะ	ไ	ต	า	ศ	ง	อ	ม	ล	ว	ว
ก	◌ิ	โ	ล	ก	ร	◌ั	ม	◌์	ม	ย	◌ิ	น	ศ	ท	า
น	◌้	◌ำ	ห	น	◌ั	ก	ก	ย	◌ั	ย	ธ	ส	ค	ก	ม
ส	ต	◌ั	น	ย	ธ	ไ	ข	ก	ร	ช	า	ป	ว	◌ิ	ก
ว	ค	เ	ม	ต	ร	ต	◌ิ	ล	ก	ญ	ผ	ว	า	โ	ว
ะ	น	ง	ม	แ	ต	ฉ	ส	ณ	อ	ฝ	ก	◌้	ม	ล	◌้
ค	ะ	พ	ง	ง	ม	ย	ณ	อ	ซ	อ	ไ	◌ิ	ส	เ	า
ญ	ง	ย	ส	◌ี	เ	บ	◌ั	ด	ะ	ร	น	น	◌ู	ม	ง
ไ	ผ	ร	ฝ	ท	◌ิ	อ	ษ	ข	า	ด	ป	ซ	ง	ต	แ
ษ	ป	ธ	า	า	ต	ฉ	า	ศ	แ	แ	จ	พ	◌์	ร	ท
ท	ง	ฉ	อ	น	น	ฝ	ซ	เ	ค	ฉ	อ	ฝ	ณ	ถ	ค
ษ	ษ	แ	ห	ด	ซ	ค	ช	ก	จ	ว	ง	ณ	ผ	พ	ณ
ค	ต	ไ	ง	ซ	เ	ย	ค	ท	ต	ผ	จ	ท	ก	ซ	ศ
อ	ร	ด	ษ	ข	ภ	ธ	ป	ล	ว	ภ	ต	ค	ล	ป	ฉ

ความกว้าง
ไบต์
ทศนิยม
น้ำหนัก
องศา
กรัม
ความสูง
กิโลกรัม
กิโลเมตร
ความยาว
ลิตร
มวล
เมตร
นาที
ความลึก
ตัน
ออนซ์
ระดับเสียง
เซนติเมตร
นิ้ว

95 - Boxen

ร	ท	ห	ซ	ฟ	ว	ข	ภ	ธ	ย	ถ	ม	ฟ	เ	ซ	ง
แ	◌่	ล	ห	อ	ข	ท	ย	ล	ล	ฉ	ม	◌ุ	ม	ศ	า
ป	ส	า	ม	ญ	อ	ถ	ก	อ	◌ื	ช	เ	ค	ฝ	เ	บ
ถ	◌ู	แ	ง	ท	ฉ	น	◌ำ	ส	า	ธ	ร	า	ก	ญ	ไ
ถ	◌้	ล	ร	ก	ป	ไ	ป	ศ	ด	อ	ส	ง	ช	ถ	ฉ
ท	ก	ณ	แ	ม	า	ส	◌ั	ก	ฟ	โ	า	ท	ฉ	ด	เ
ข	◌ั	เ	ร	◌็	ว	ย	◌้	ว	ก	ข	ย	ก	ญ	ร	จ
จ	น	ก	ป	ภ	ถ	เ	น	ค	◌ื	◌้	◌ู	ก	ร	า	ก
ฝ	ส	อ	ษ	ห	◌ุ	ห	ไ	น	ด	ฟ	ณ	ล	ณ	ฉ	ห
ษ	◌ิ	ฉ	ธ	ะ	ง	น	ซ	ข	แ	ข	◌้	อ	ศ	อ	ก
ฟ	ด	จ	จ	ล	ม	◌ื	น	ช	ว	ะ	ต	ไ	จ	ษ	ป
เ	ต	ะ	พ	อ	◌ื	◌่	พ	น	น	เ	ค	า	ข	ห	ข
ถ	◌ั	พ	ห	ฝ	อ	อ	น	ภ	ข	ซ	พ	ภ	ะ	ล	า
ก	◌้	ธ	ฟ	ฝ	ส	ย	ไ	ข	ผ	พ	จ	ษ	ผ	ย	ซ
พ	◌ู	ค	◌ู	◌่	แ	ข	◌่	ง	◌ั	ฆ	ะ	ร	ท	ด	ผ
ผ	ผ	ไ	า	ส	ศ	ต	ธ	ไ	ไ	ฉ	ย	ล	ค	ศ	า

มุม
ข้อศอก
เหนื่อย
กำปั้น
ทักษะ
โฟกัส
คู่แข่ง
ระฆัง
ถุงมือ
นักสู้
เตะ
คาง
ร่างกาย
คะแนน
การกู้คืน
ผู้ตัดสิน
เร็ว
เชือก
แรง

96 - Psychologie

ช	ง	ก	พ	ท	น	ะ	ท	ญ	ง	ฟ	น	ก	ร	ธ	ค
ล	ย	ส	ท	ฤ	อ	◌ำ	จ	ง	ร	ท	ม	า	ว	ค	ม
ฉ	◌้	จ	ล	อ	ต	ไ	ร	◌ู	◌้	บ	◌ั	ร	ร	า	ก
ย	แ	ภ	ข	ฉ	◌ิ	◌ิ	อ	ท	ท	า	ณ	น	ว	ค	ส
ธ	ด	ค	ษ	ม	ก	ท	ก	◌ั	ห	ศ	ฝ	◌ั	ะ	ว	ห
ว	◌ั	ย	เ	ด	◌็	ก	ธ	ร	ต	ษ	ห	ด	จ	า	ห
ฟ	ข	◌ี	ค	ผ	บ	น	ร	◌ิ	ร	ต	ถ	ห	◌ิ	ม	ส
ถ	ม	ด	ฉ	ถ	ธ	◌ิ	ต	ต	พ	ม	า	ม	ต	ฝ	ค
ช	า	เ	ษ	ฉ	ก	◌ิ	ท	ส	ญ	ล	ห	า	ไ	◌ั	ว
ไ	ว	อ	ะ	ถ	ก	ล	ธ	ด	ย	ศ	ญ	ย	ต	น	า
ต	ค	ไ	ล	ด	ไ	ค	ซ	ม	ศ	ม	◌ั	พ	◌้	พ	ม
ก	า	ร	บ	◌ำ	บ	◌ั	ด	ห	บ	ษ	ป	บ	ส	บ	ค
ก	า	ร	ป	ร	ะ	เ	ม	◌ิ	น	เ	อ	จ	◌ำ	ฉ	◌ิ
แ	ถ	ะ	บ	◌ุ	ค	ล	◌ิ	ก	ภ	า	พ	ด	น	ง	ด
ค	ว	า	ม	เ	ป	◌็	น	จ	ร	◌ิ	ง	เ	◌ื	ว	น
อ	ร	ฉ	ป	ศ	ฟ	ค	ม	อ	ภ	ง	ะ	จ	ก	ภ	ง

การประเมิน
หมดสติ
อัตตา
อิทธิพล
ความทรงจำ
ความคิด
ไอเดีย
วัยเด็ก
คลินิก
ความขัดแย้ง
บุคลิกภาพ
ปัญหา
การนัดหมาย
การบำบัด
ความฝัน
จิตใต้สำนึก
พฤติกรรม
การรับรู้
ความเป็นจริง

97 - Bauernhof #2

ช	ซ	แ	ะ	ข	เ	ป	็	ด	ธ	ห	ง	ญ	ศ	ง	ษ
ก	า	ง	ถ	ผ	ด	ฟ	ถ	ช	้	อ	ล	ซ	ซ	น	ภ
ฝ	ช	ว	ย	แ	า	ง	ณ	ไ	ม	น	ภ	ส	ธ	เ	อ
แ	อ	ข	น	ซ	ซ	ส	ย	ม	ไ	ฟ	ผ	ณ	ว	ญ	ธ
ท	ง	า	ก	า	ฉ	ส	ญ	ช	ล	ป	ร	ะ	ท	า	น
ข	้	า	ว	ส	า	ล	ี	ด	ผ	แ	ถ	ก	ก	ุ	ส
ฟ	แ	ก	โ	ข	้	า	ว	โ	พ	ด	ส	แ	บ	แ	ช
ส	ถ	ม	ร	ล	า	ม	า	ผ	ส	ท	ว	ก	า	ท	ส
ะ	ก	แ	ง	ย	้	ี	ล	เ	น	ค	น	ู	ร	ุ	ว
ฟ	ค	ธ	น	ผ	ก	ั	ง	ห	ั	น	ผ	ล	์	่	ษ
ด	ข	ว	า	ค	ึ	ด	ภ	อ	ง	ส	ล	อ	เ	ง	อ
ส	แ	บ	ท	ท	เ	้	ณ	ท	แ	ส	ไ	ะ	ล	ห	ย
ซ	ย	เ	ก	ส	ข	ห	ง	ล	ค	ก	ม	ค	่	ญ	ะ
ล	ป	ห	ญ	ป	ษ	ฟ	อ	ั	แ	ซ	้	ภ	ย	้	ผ
ย	บ	ก	ก	า	ฉ	ผ	ไ	า	ร	ญ	ญ	า	์	า	ั
ร	ถ	แ	ท	ร	ก	เ	ต	อ	ร	์	ไ	ท	ย	ฉ	ก

ชาวนา
ชลประทาน
รังผึ้ง
เป็ด
ผลไม้
ผัก
บาร์เล่ย์
ลามา
ลูกแกะ
ข้าวโพด
นม
สวนผลไม้
สุก
แกะ
คนเลี้ยงแกะ
โรงนา
รถแทรกเตอร์
ข้าวสาลี
ทุ่งหญ้า
กังหัน

98 - Berufe #2

น	บ	ศ	น	น	เ	ว	ะ	ผ	แ	ะ	ธ	ส	ไ	ฐ	ท
◌ั	ร	◌ั	◌ั	◌ั	แ	ญ	ป	เ	พ	ฉ	ด	ธ	ฉ	◌์	แ
ก	ร	ล	ก	ก	ภ	บ	ฉ	ป	ท	ภ	ย	ข	ม	ษ	อ
ส	ณ	ย	ช	ภ	ท	ะ	ก	ไ	ย	ธ	จ	ณ	ฉ	ด	ศ
◌ี	า	แ	◌ี	า	น	พ	ส	พ	◌์	น	◌ั	ก	บ	◌ิ	น
บ	ร	พ	ว	ษ	ค	ด	ด	ย	ญ	ป	ว	ซ	ณ	ะ	น
ะ	◌ั	ท	ว	า	ป	น	ส	ช	ว	ฉ	◌ิ	ถ	ช	ร	◌ั
ธ	ก	ย	◌ิ	ศ	ฉ	ร	ส	ฉ	า	ภ	ก	ท	ไ	ป	ก
ผ	ษ	◌์	ท	า	ช	ย	ค	ว	ห	า	◌ั	ช	ถ	ก	บ
จ	◌์	ข	ย	ส	ซ	ต	ห	ค	น	ธ	น	ร	ธ	◌ั	◌ิ
ล	ถ	น	า	ต	ว	◌ิ	ศ	ว	ก	ร	ค	ก	ป	น	น
ธ	า	ญ	ช	ร	◌ั	ป	ก	◌ั	น	ณ	ข	ร	ห	ศ	อ
ม	ฉ	ว	ย	◌์	ท	พ	แ	ต	น	◌ั	ท	ต	◌ู	ซ	ว
ช	◌่	า	ง	ภ	า	พ	ะ	เ	จ	ซ	แ	◌ิ	ญ	ร	ก
น	◌ั	ก	ก	า	ร	เ	ม	◌ื	อ	ง	ถ	จ	แ	ธ	า
น	◌ั	ก	ข	◌่	า	ว	ว	อ	ฉ	ฝ	ธ	พ	ค	ฉ	ศ

แพทย์
นักบินอวกาศ
บรรณารักษ์
นักชีววิทยา
ศัลยแพทย์
นักสืบ
นักประดิษฐ์
นักวิจัย
ช่างภาพ
คนสวน
วิศวกร
นักข่าว
ครู
นักภาษาศาสตร์
จิตรกร
นักปรัชญา
นักบิน
นักการเมือง
ทันตแพทย์

99 - Wetter

ฟ	ร	ภ	ข	ะ	ไ	ฟ	ธ	เ	ญ	น	ก	ย	ศ	ห	ส
ก	ธ	เ	ฟ	ด	◌์	ด	ซ	ษ	บ	ณ	เ	ด	า	ฟ	ภ
น	ล	ม	ธ	◌้	ร	ณ	◌ี	ถ	ล	ผ	ต	ผ	ก	ะ	า
ะ	◌้	ท	ด	โ	า	น	ร	◌์	อ	ท	◌ุ	ย	า	พ	พ
พ	พ	◌ำ	พ	ฉ	ล	ร	บ	เ	ส	อ	ย	บ	ย	ค	อ
ไ	ว	ง	แ	ช	พ	ม	◌้	ก	ท	จ	า	ฉ	ร	ล	า
ฟ	ญ	จ	เ	ข	โ	ไ	ย	อ	ฉ	◌้	พ	ช	ร	า	ก
◌้	ห	บ	ะ	ณ	◌็	ซ	อ	ม	ง	ภ	อ	ข	บ	ว	า
า	ส	ย	เ	ช	ว	ง	◌ุ	ห	◌้	อ	ฝ	ง	ถ	ด	ศ
ผ	ะ	ท	า	ศ	ง	ล	ณ	ป	ห	ภ	ค	ช	ฟ	◌์	ข
◌่	แ	ล	◌้	ง	ว	ะ	ห	ล	แ	ส	ณ	ป	ถ	◌้	ช
า	ผ	ญ	แ	น	เ	บ	ภ	ส	า	ย	ร	◌ุ	◌้	ง	า
เ	ข	ต	ร	◌้	อ	น	◌ู	เ	ล	ญ	ห	ก	ถ	ผ	ไ
อ	ซ	ษ	ถ	เ	ด	ส	ม	ะ	แ	ภ	ม	ร	ส	◌ุ	ม
ม	บ	แ	บ	แ	แ	น	◌ิ	พ	ณ	ข	ภ	ด	ด	ป	จ
พ	พ	า	ย	◌ุ	เ	ฮ	อ	ร	◌ิ	เ	ค	น	ธ	ก	า

บรรยากาศ
ฟ้าผ่า
บรีซ
ฟ้าร้อง
แล้ง
น้ำแข็ง
ท้องฟ้า
พายุเฮอริเคน
สภาพอากาศ
มรสุม
หมอก
โพลาร์
สายรุ้ง
พายุ
อุณหภูมิ
พายุทอร์นาโด
แห้ง
เขตร้อน
ลม
คลาวด์

100 - Chemie

ค	อ	ฝ	ะ	พ	ภ	ภ	ร	ช	เ	า	แ	ด	ข	ก	ต
น	า	◌ิ	ไ	อ	อ	อ	น	ท	ไ	พ	ม	จ	อ	ป	◌ั
◌ิ	ก	ร	น	อ	ร	ต	ก	ล	◌็	เ	◌ิ	อ	ง	ฏ	ว
ว	ร	อ	◌์	ท	อ	จ	ช	ป	พ	ล	ภ	ษ	เ	◌ิ	เ
เ	ด	ภ	ถ	บ	ร	อ	ย	ณ	ว	เ	◌ู	อ	ห	ก	ร
ค	ป	ษ	ณ	ว	อ	◌ี	ก	ณ	จ	ภ	ห	ญ	ล	◌ิ	◌่
ล	ช	ล	อ	ซ	◌ี	น	ย	ซ	ท	ไ	ณ	ด	ว	ร	ง
◌ี	ษ	ต	ล	ง	ล	◌ี	ว	◌์	◌ิ	แ	◌ุ	◌่	ไ	◌ิ	ค
ย	แ	ก	◌๊	ส	ก	ร	ว	จ	ง	เ	อ	า	ณ	ย	จ
ร	จ	ร	ก	แ	เ	อ	อ	ธ	ญ	ณ	จ	ง	ญ	า	เ
◌์	ม	ณ	ล	◌ุ	ก	ล	เ	ม	โ	ย	ภ	น	ต	ต	อ
ง	ท	ฟ	ต	ณ	ญ	ค	ค	ว	า	ม	ร	◌้	อ	น	น
น	◌้	◌ำ	ห	น	◌ั	ก	ไ	ฮ	โ	ด	ร	เ	จ	น	ไ
ไ	ป	ซ	ษ	ก	แ	ว	จ	า	ฉ	น	ธ	ธ	ย	ไ	ซ
ฟ	ซ	ก	ซ	ข	ญ	ช	อ	ต	ถ	ไ	ด	ต	ณ	จ	ม
ซ	ะ	ก	ค	ป	ฉ	ะ	ล	ฝ	ฉ	ต	ญ	ภ	ง	พ	◌์

ด่าง
คลอรีน
อิเล็กตรอน
เอนไซม์
ของเหลว
แก๊ส
น้ำหนัก
ความร้อน
ไอออน
ตัวเร่ง
คาร์บอน
โมเลกุล
นิวเคลียร์
อินทรีย์
ปฏิกิริยา
เกลือ
ออกซิเจน
กรด
อณหภูมิ
ไฮโดรเจน

1 - Gesundheit und Wellness #2

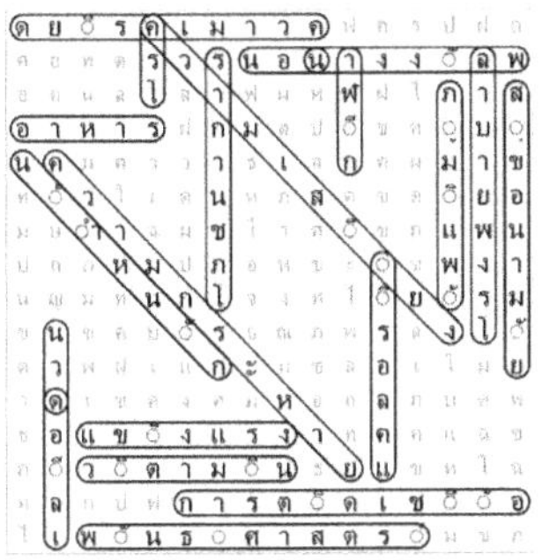

2 - Ozean

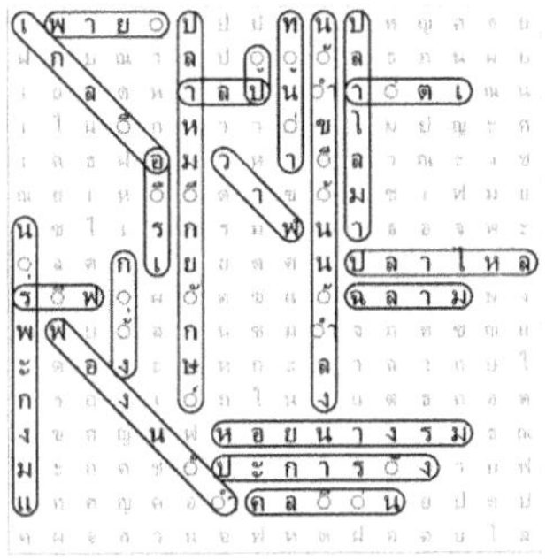

3 - Krankheit

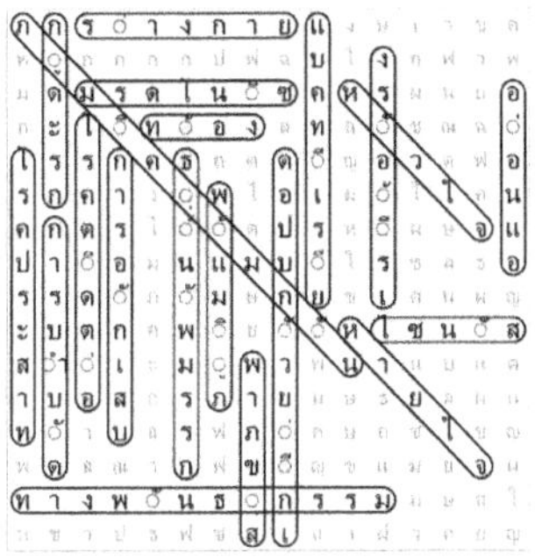

4 - Meditation

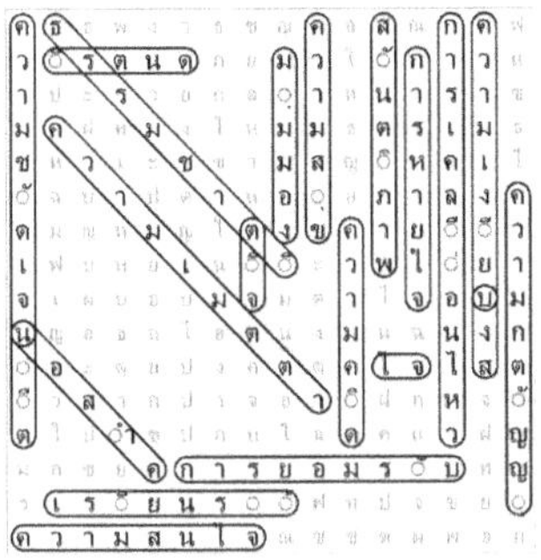

5 - Archäologie

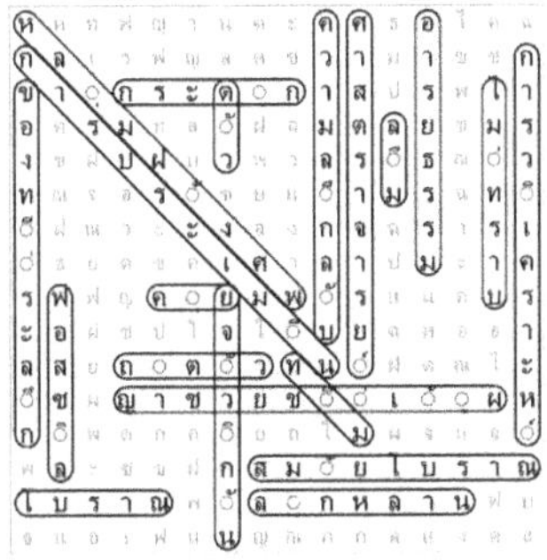

6 - Insekten

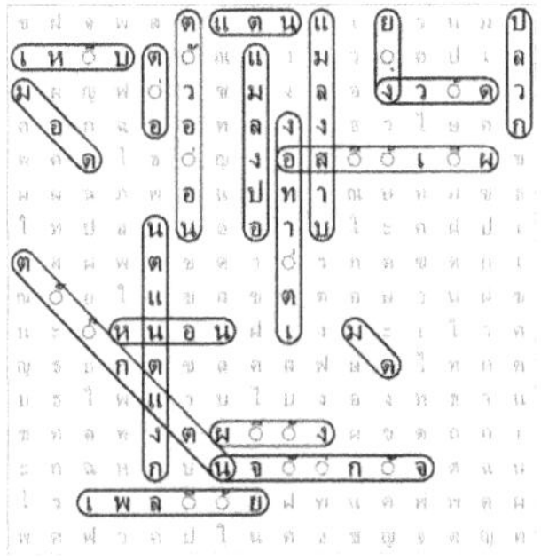

7 - Gesundheit und Wellness #1

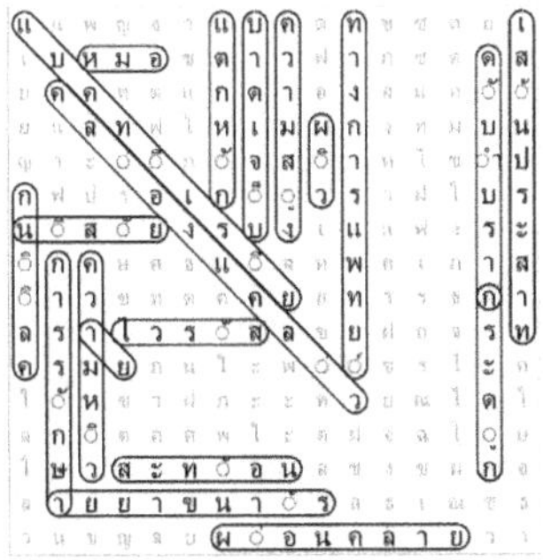

8 - Obst

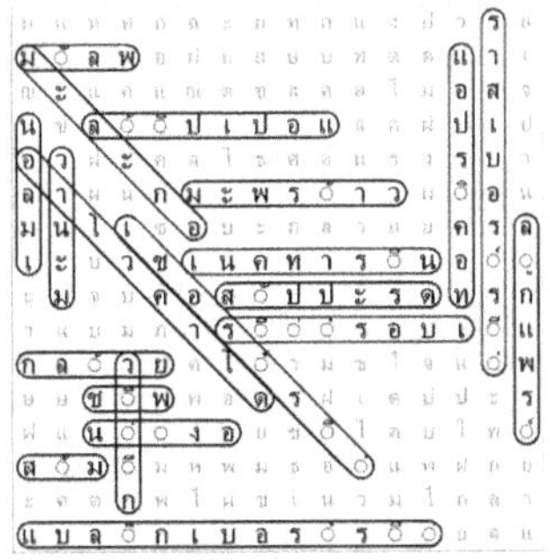

9 - Camping

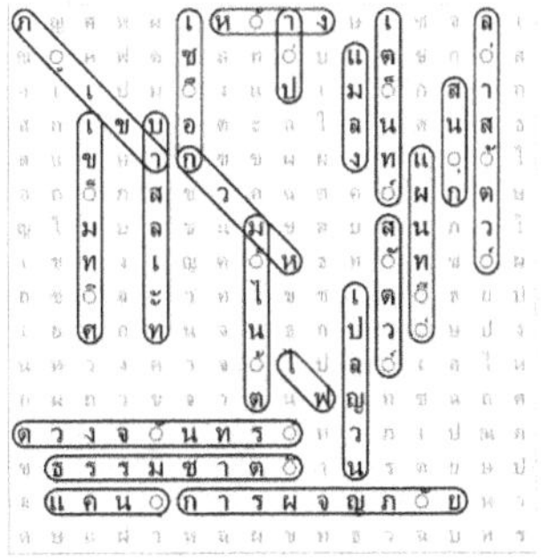

10 - Zeit

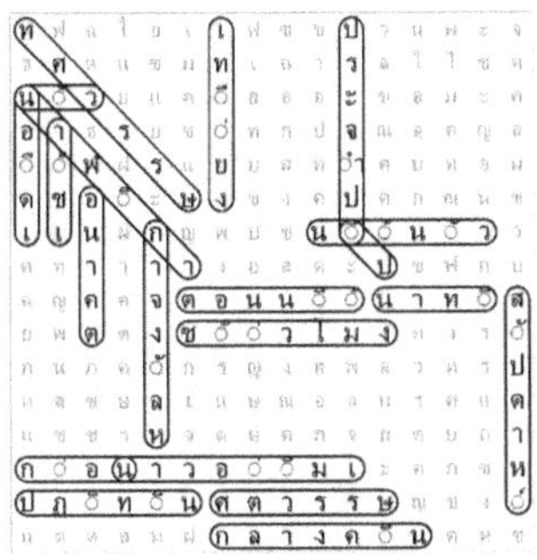

11 - Säugetiere

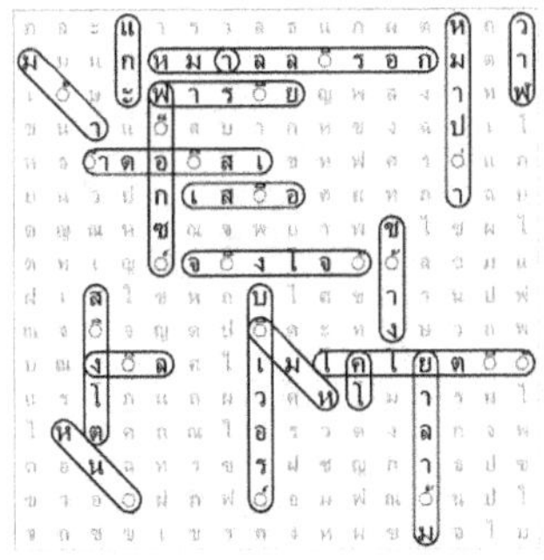

12 - Algebra

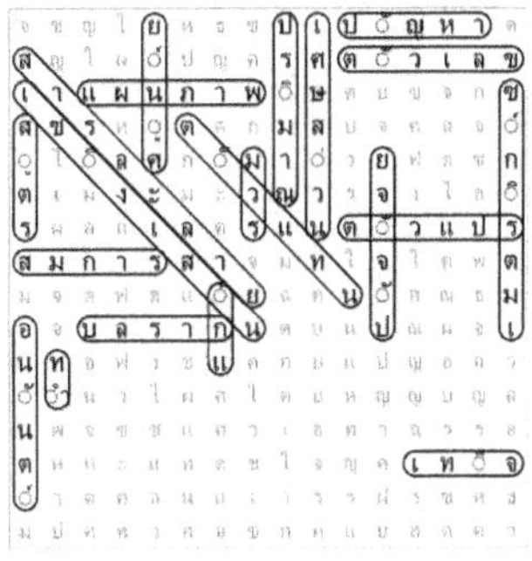

13 - Philanthropie

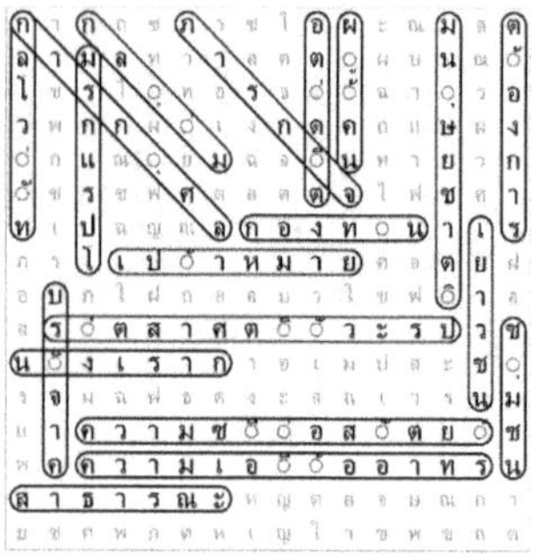

14 - Diplomatie

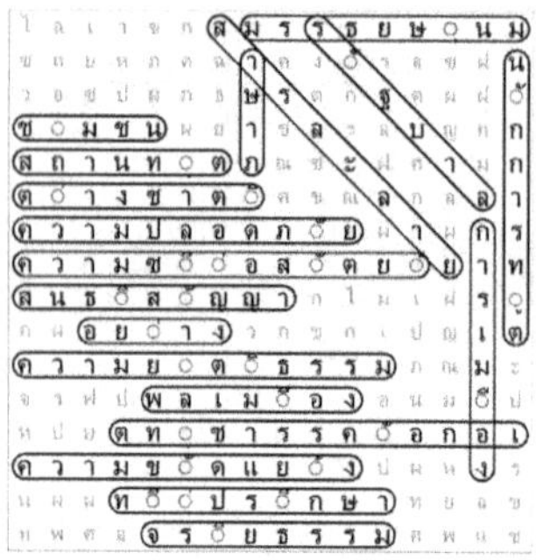

15 - Astronomie

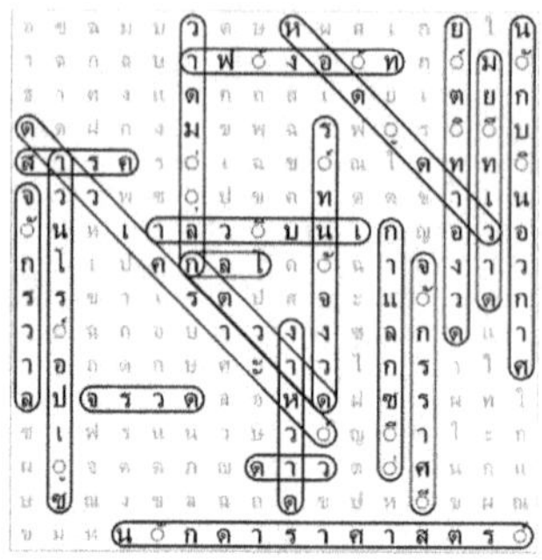

16 - Ballett

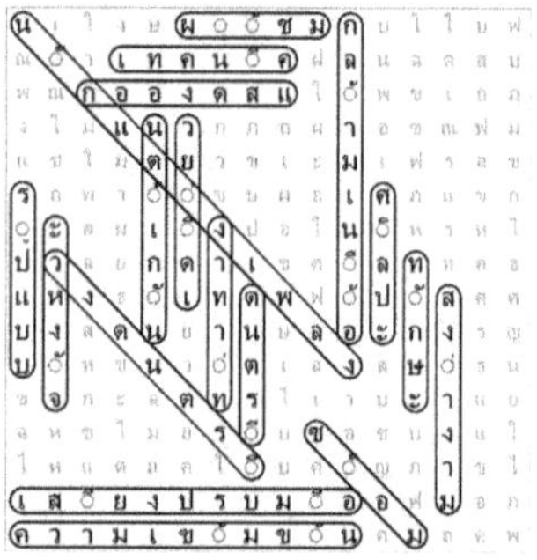

17 - Restaurant #1

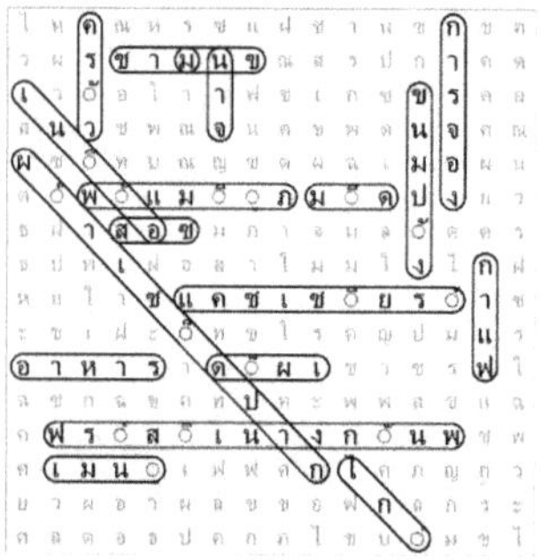

18 - Geologie

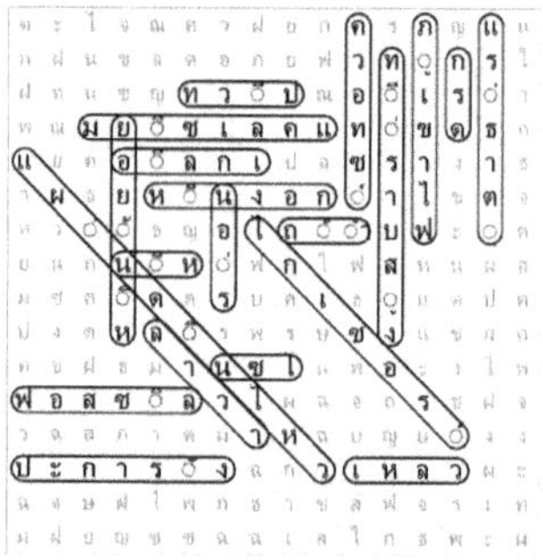

19 - Mythologie

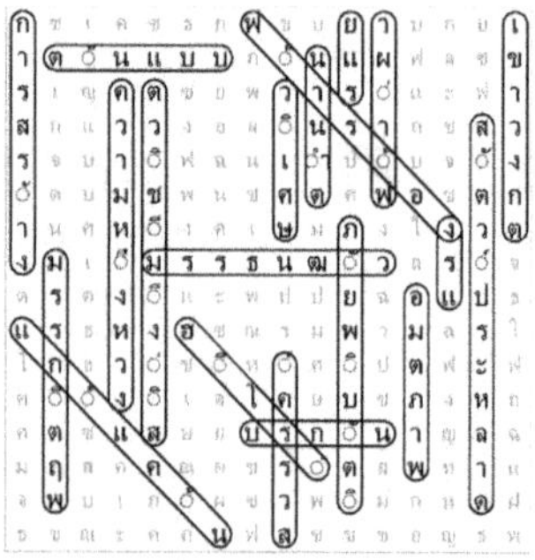

20 - Restaurant #2

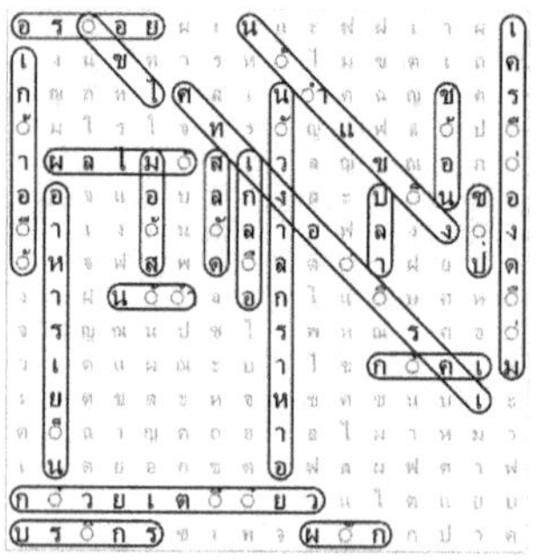

21 - Ökologie

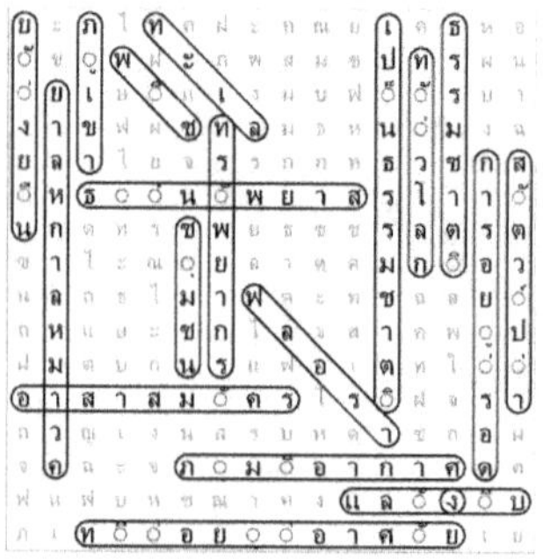

22 - Schokolade

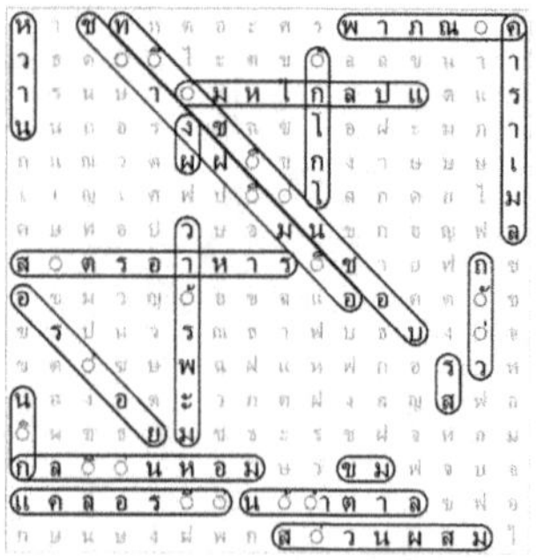

23 - Boote

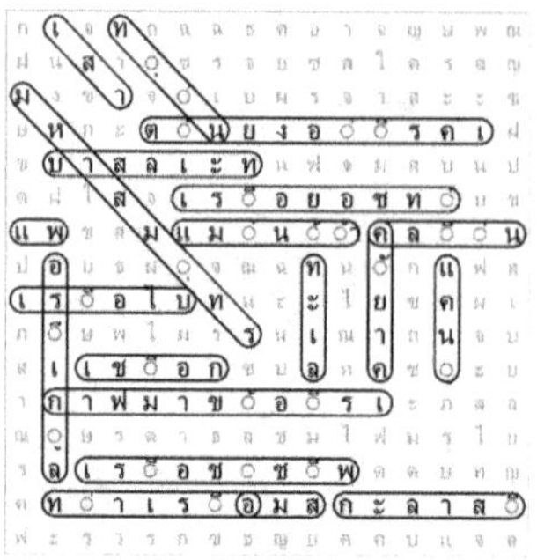

24 - Stadt

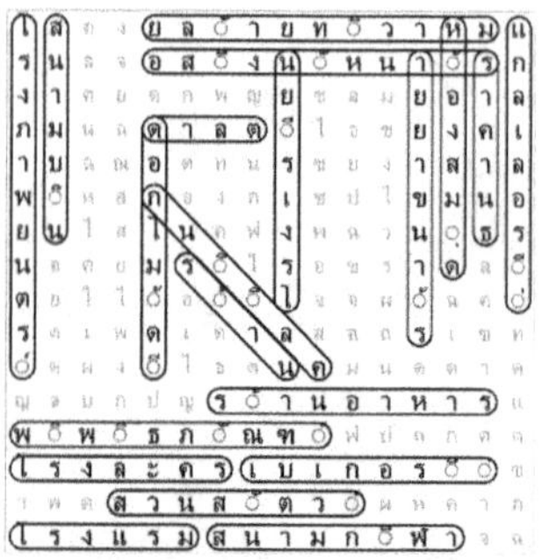

25 - Aktivitäten

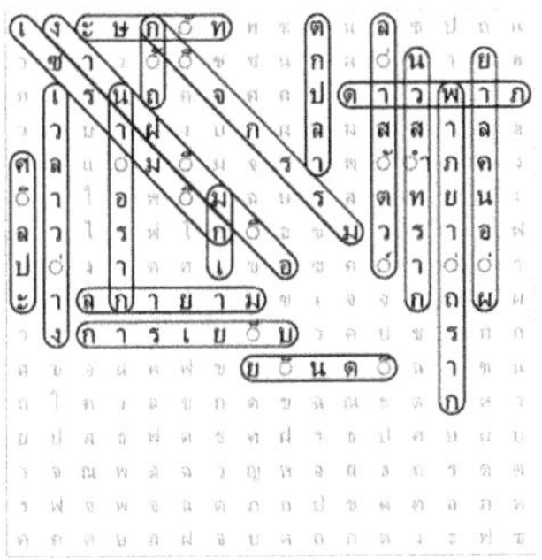

26 - Bienen

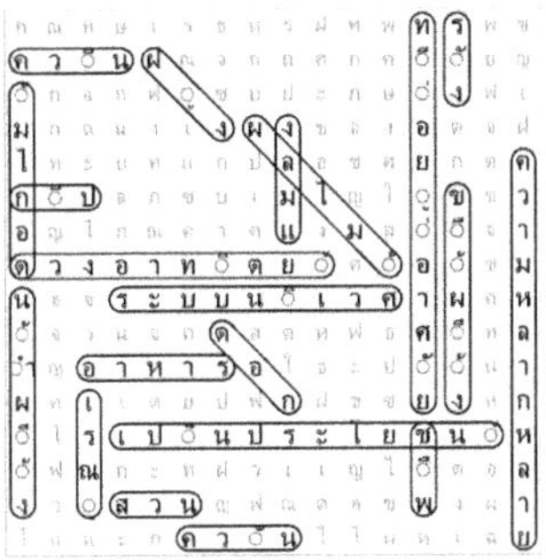

27 - Wissenschaftliche

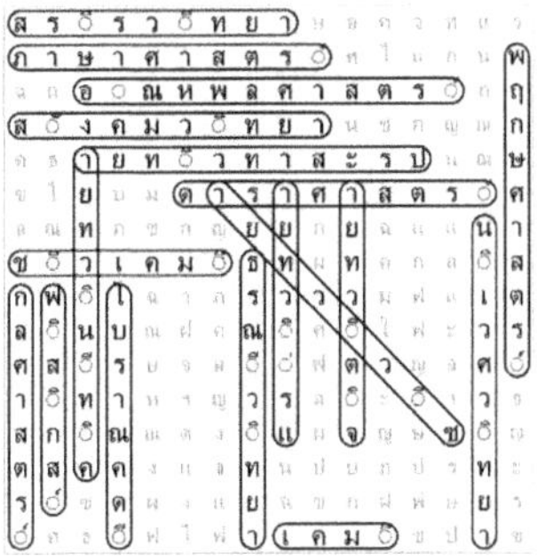

28 - Vögel

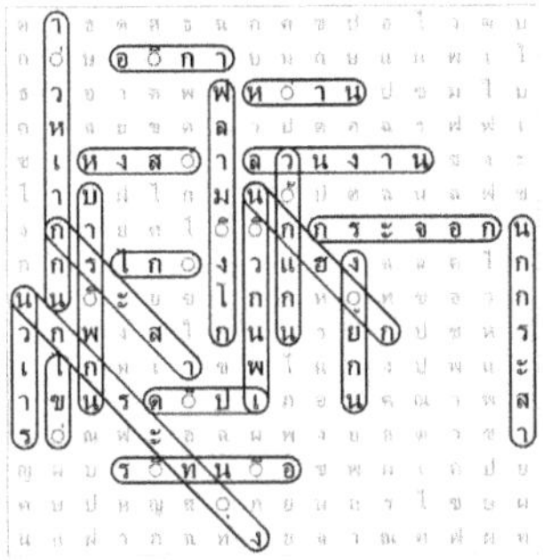

29 - Biologie

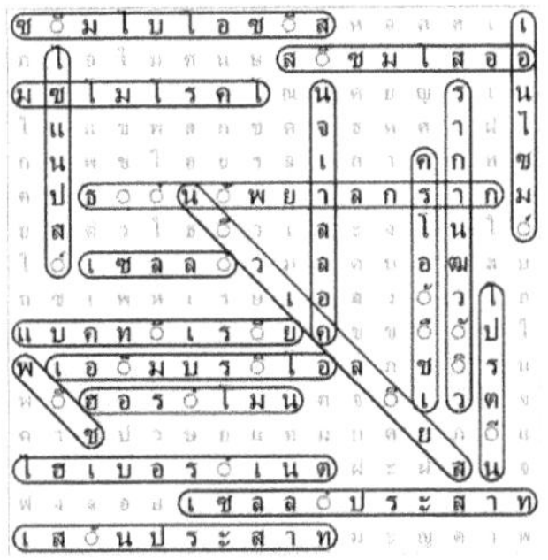

30 - Garten

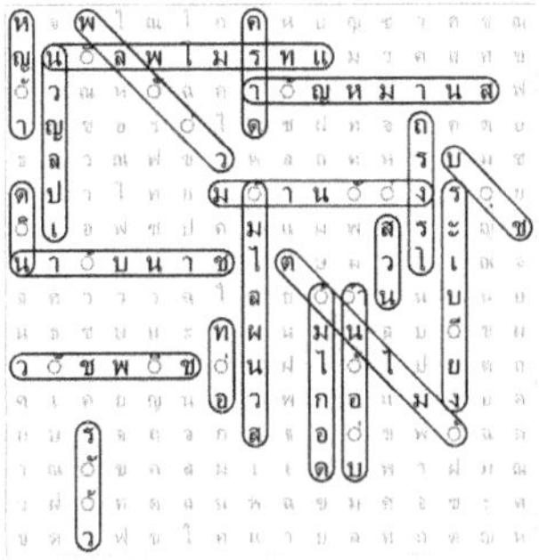

31 - Antarktis

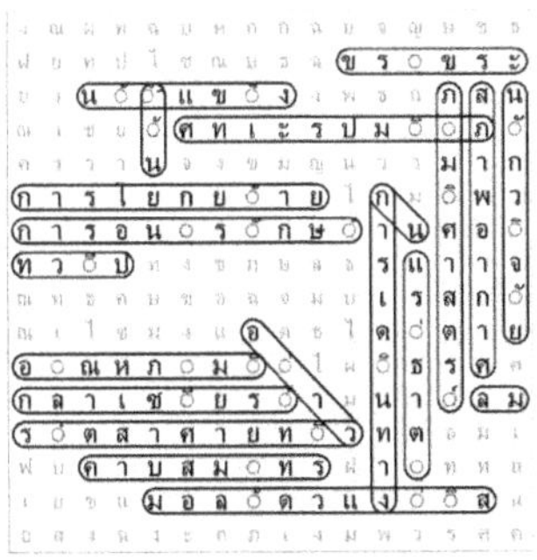

32 - Fahren

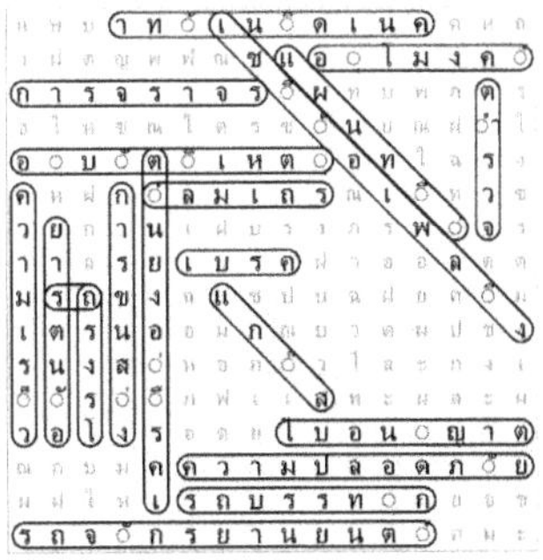

33 - Physik

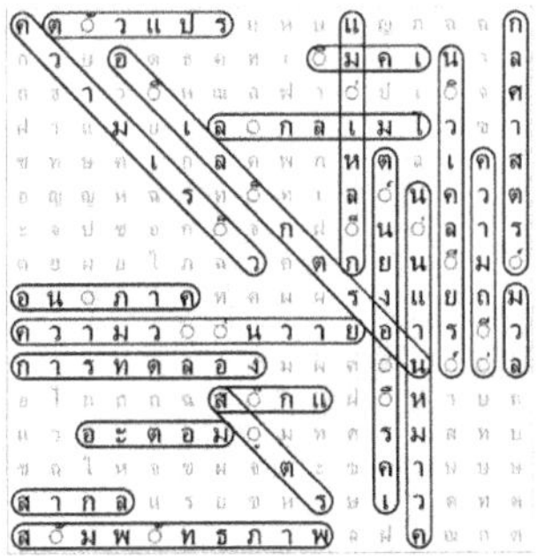

34 - Bücher

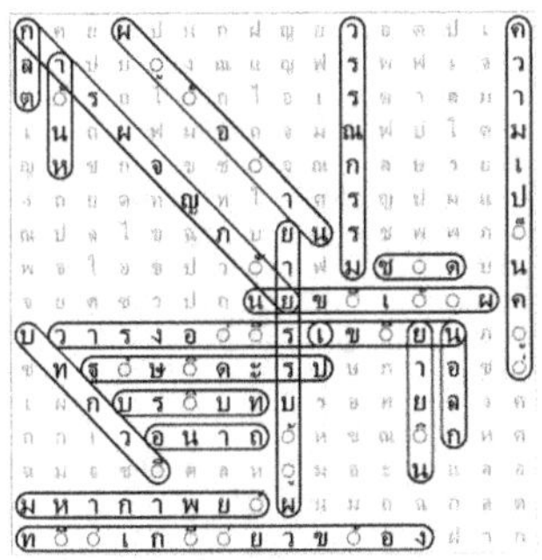

35 - Menschlicher Körper

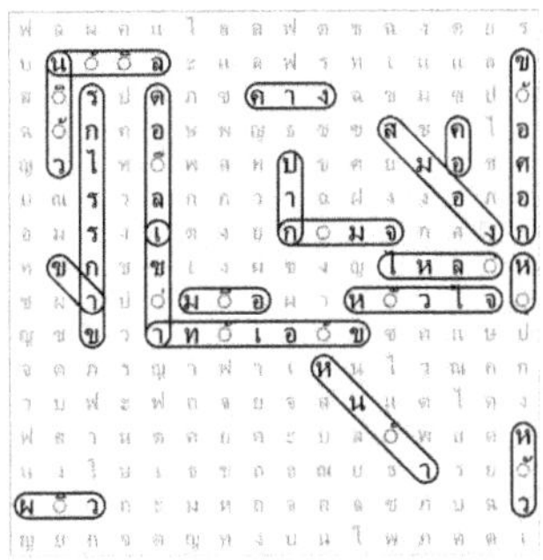

36 - Agronomie

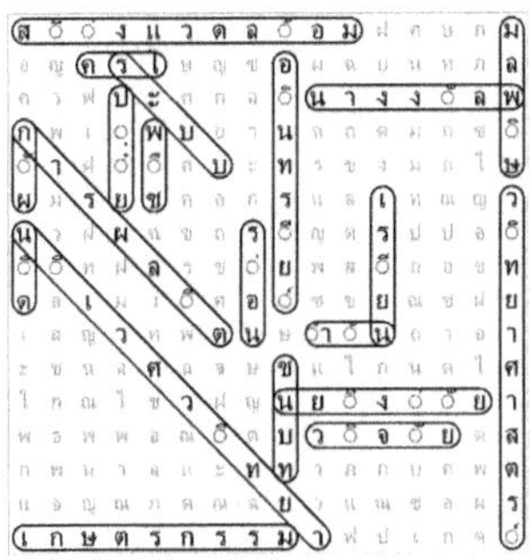

37 - Landschaften

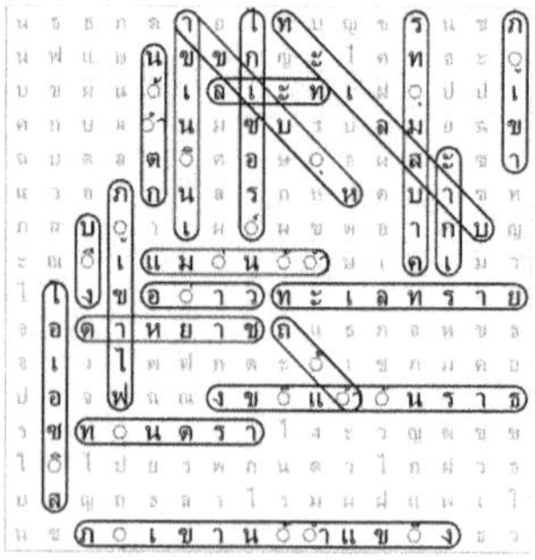

38 - Abenteuer

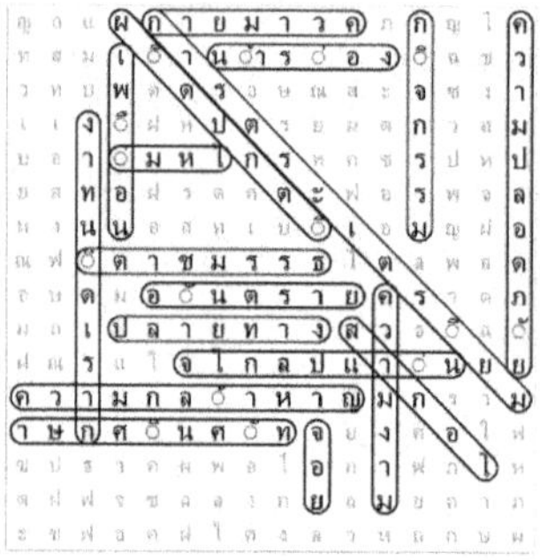

39 - Flugzeuge

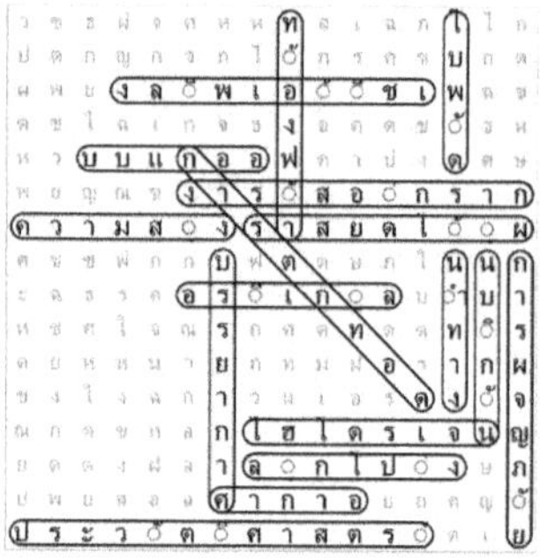

40 - Haartypen

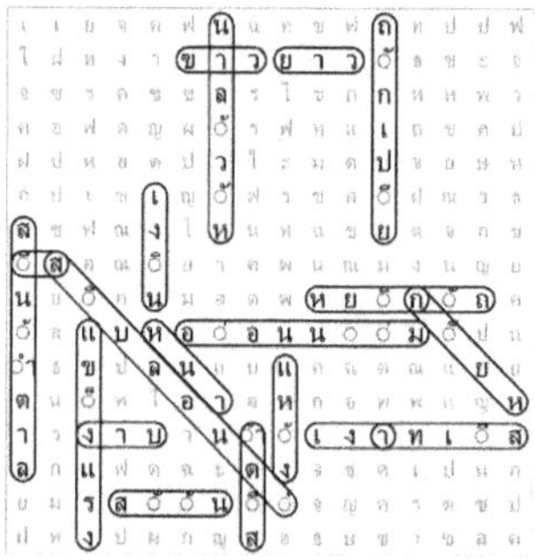

41 - Essen #1

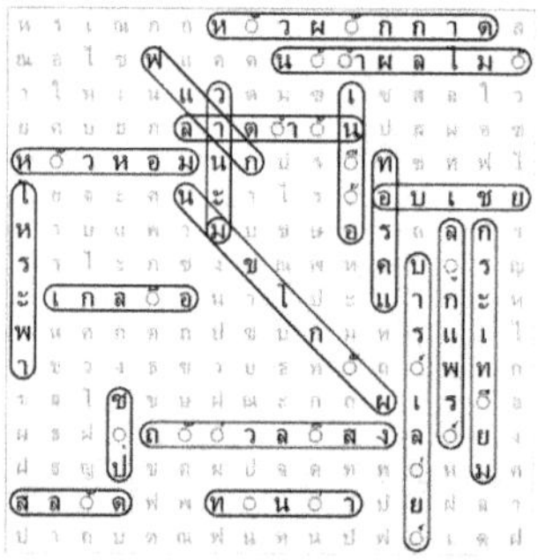

42 - Gebäude

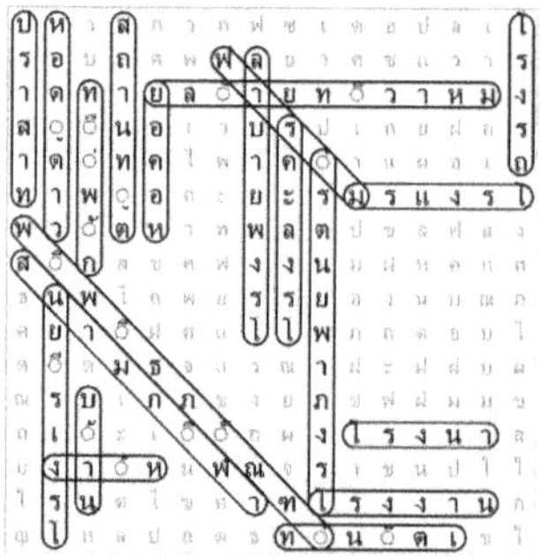

43 - Angeln

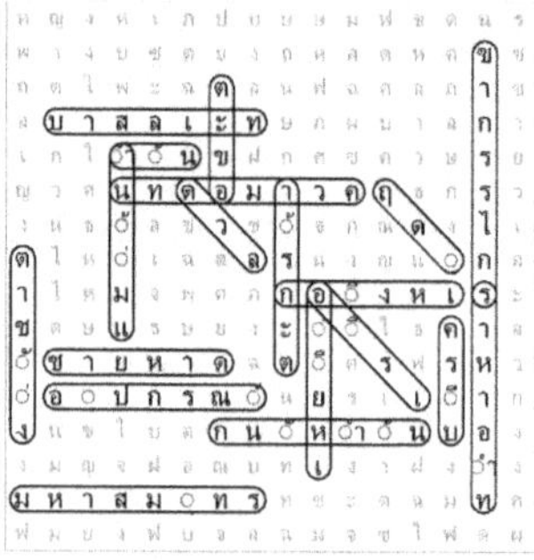

44 - Essen #2

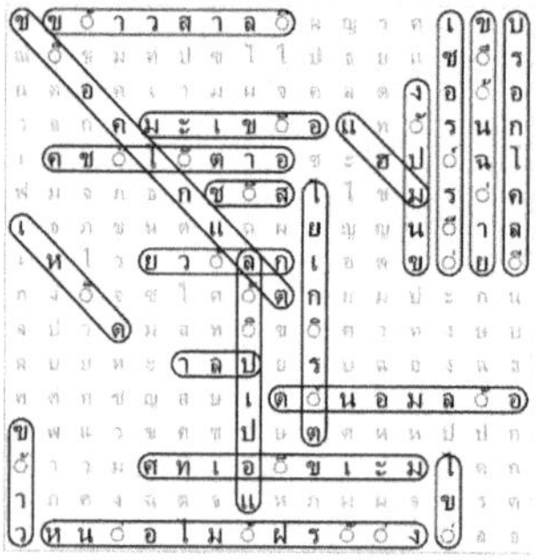

45 - Energie

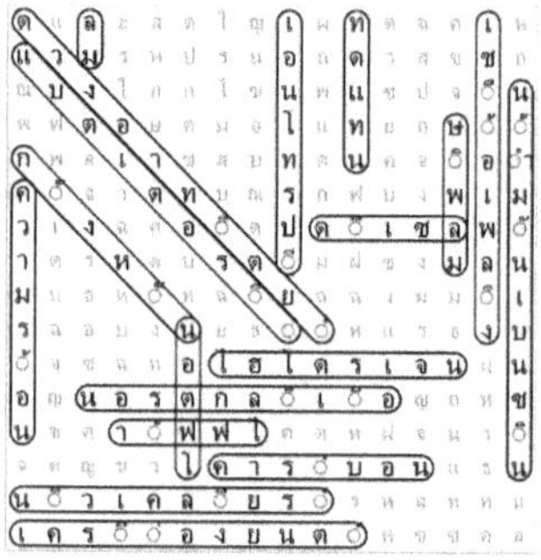

46 - Familie

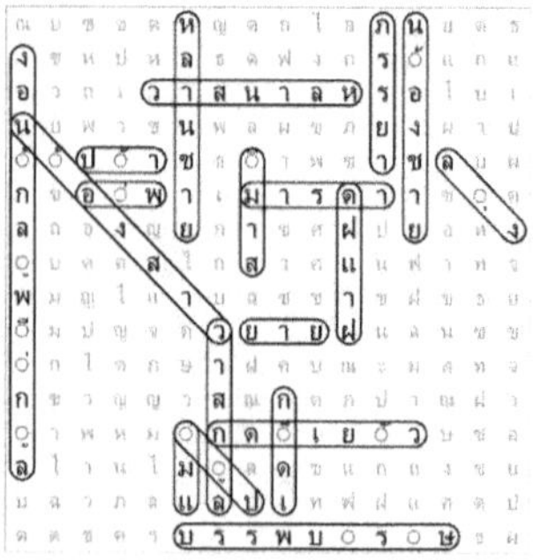

47 - Pflanzen

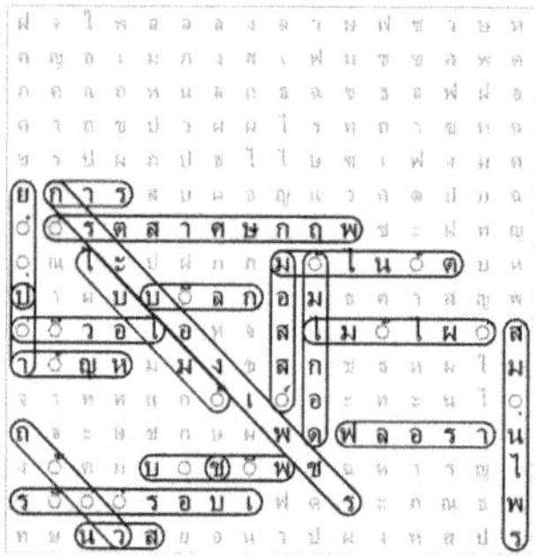

48 - Kunst

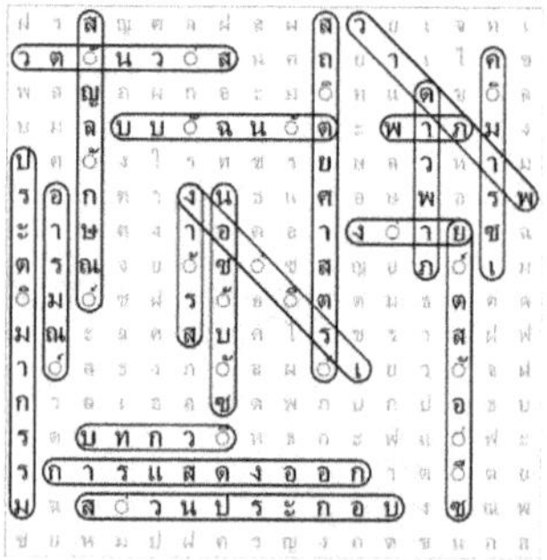

49 - Gewürze

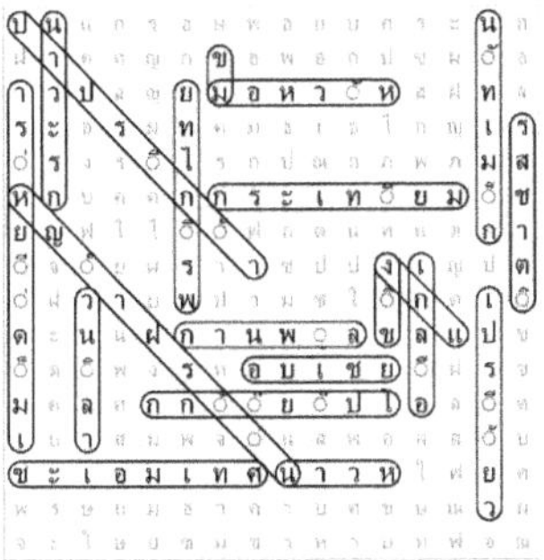

50 - Kreativität

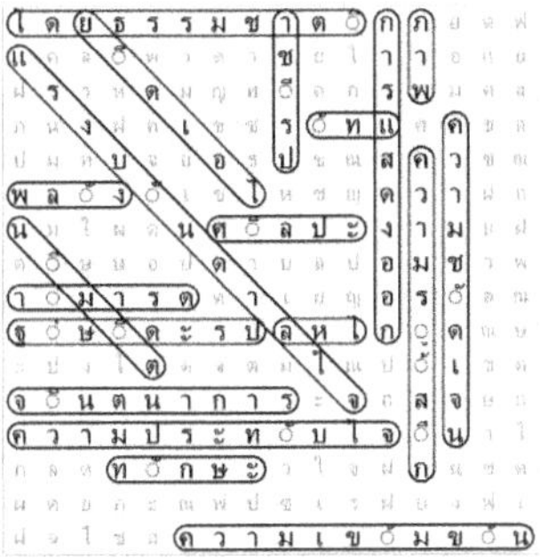

51 - Geschäft

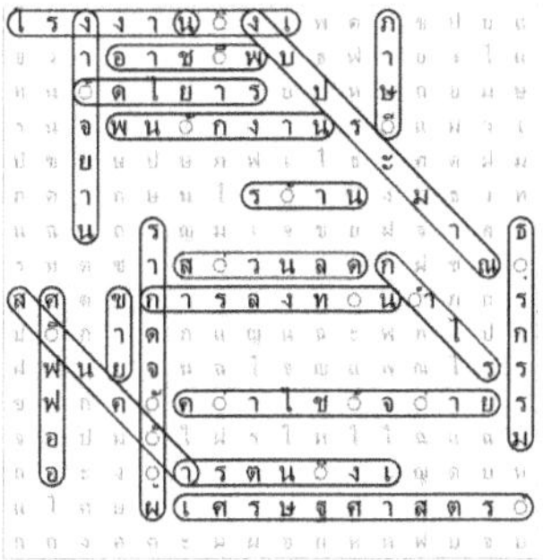

52 - Ingenieurwesen

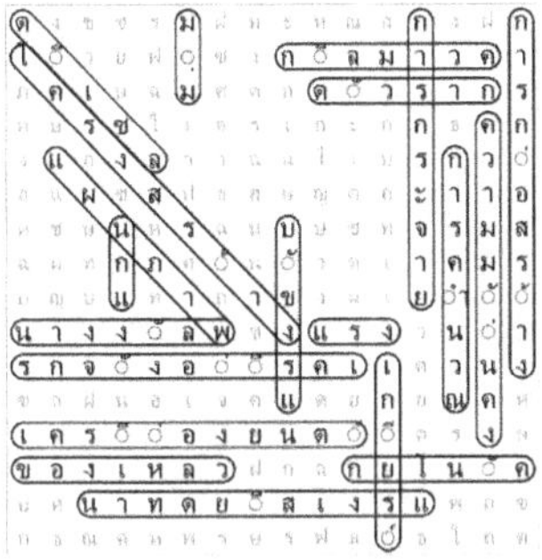

53 - Kaffee

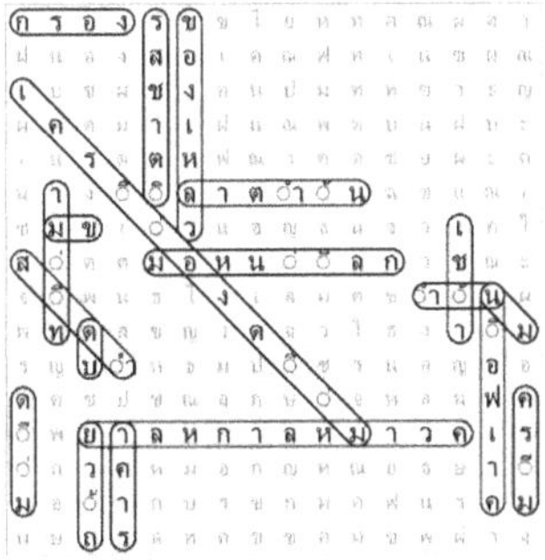

54 - Gemüse

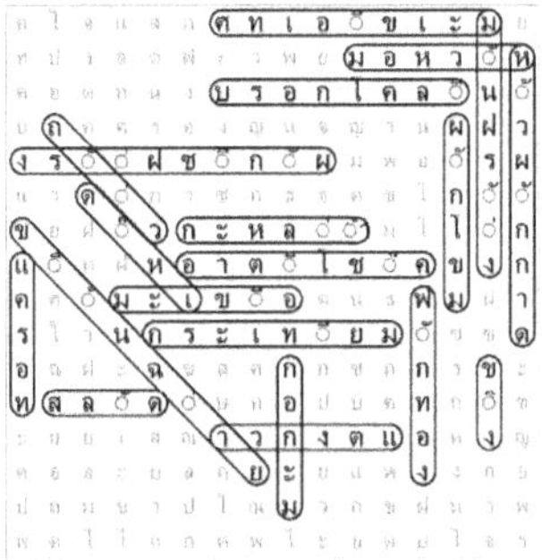

55 - Schönheit

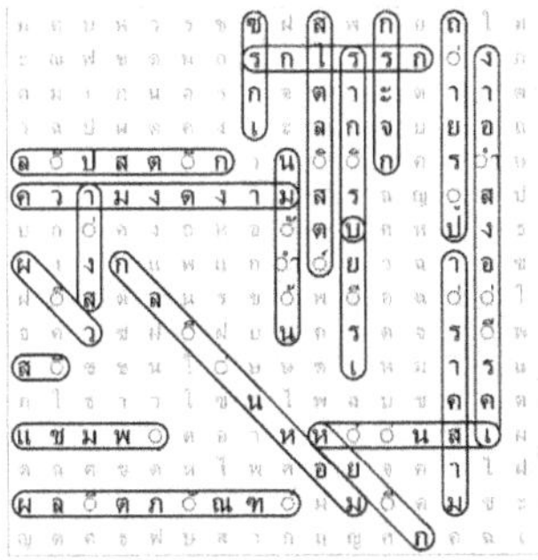

56 - Ernährung

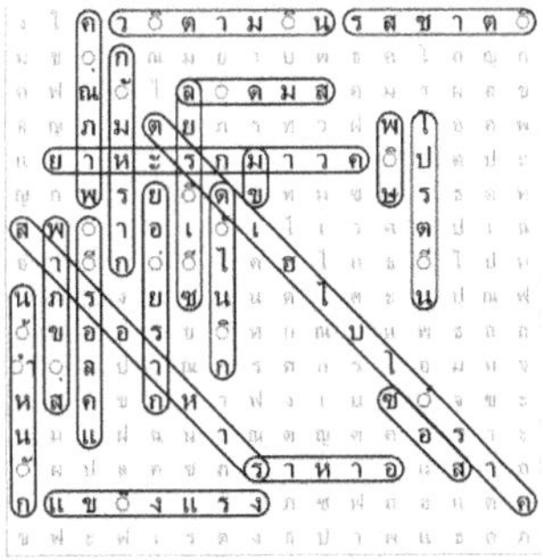

57 - Länder #1

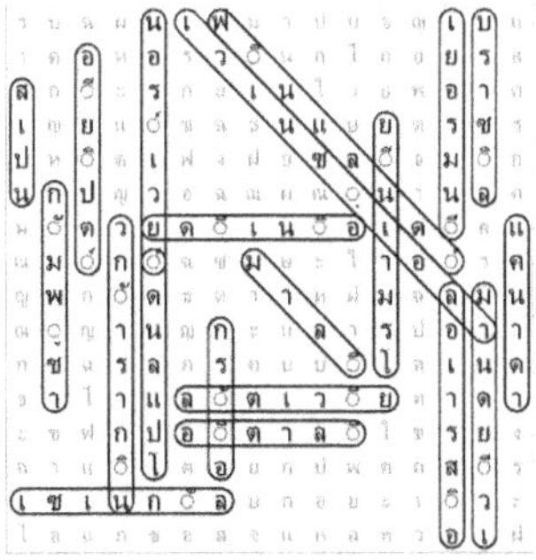

58 - Technologie

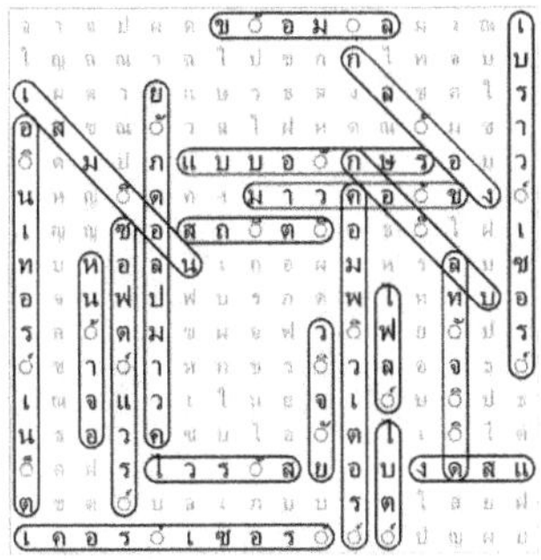

59 - Wasser

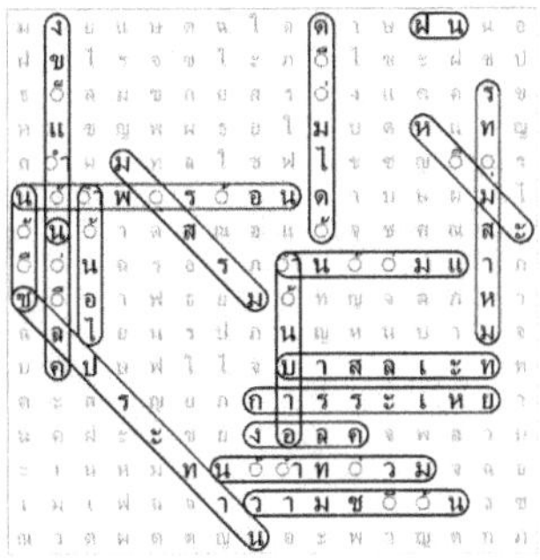

60 - Science Fiction

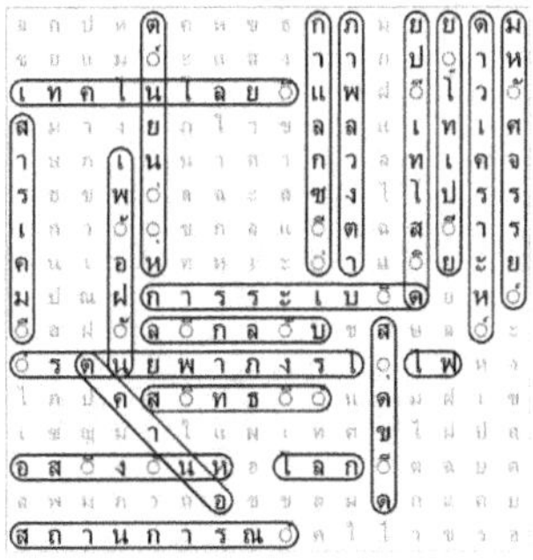

61 - Literatur

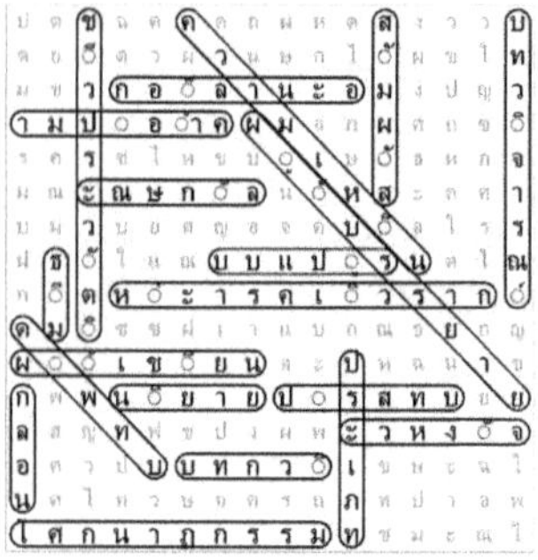

62 - Wandern

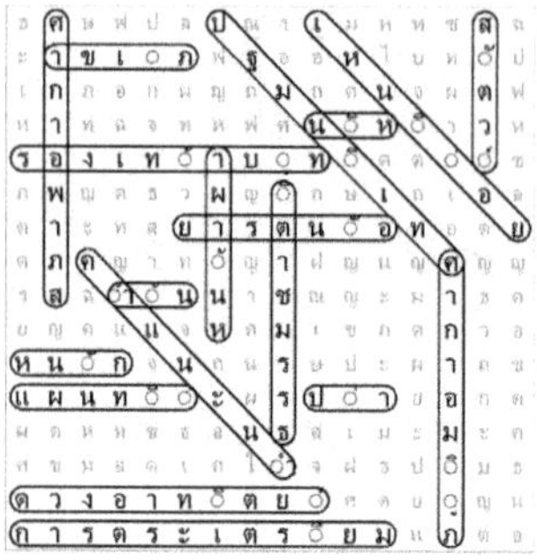

63 - Länder #2

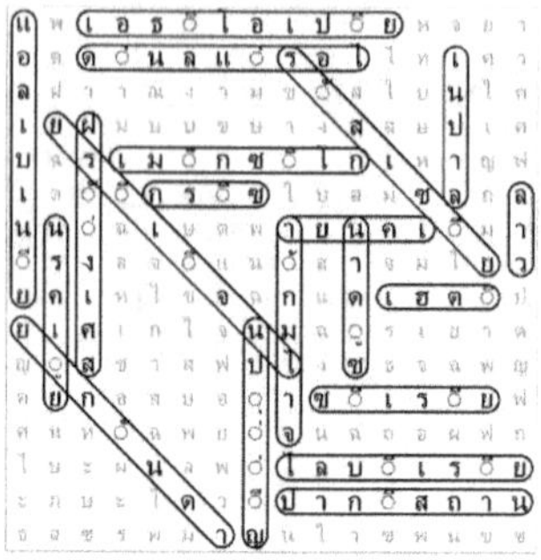

64 - Fahrzeuge

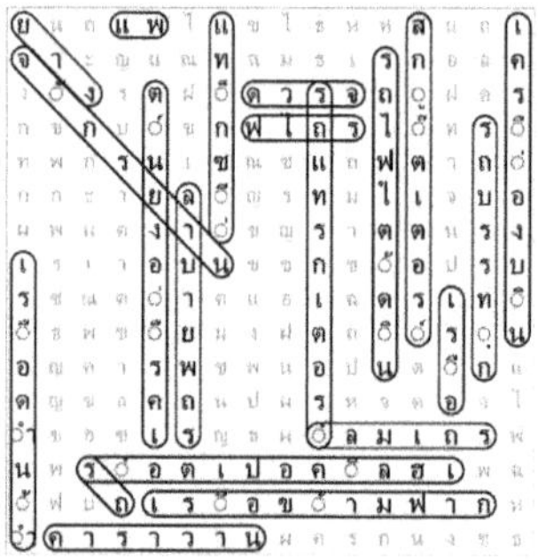

65 - Musikinstrumente

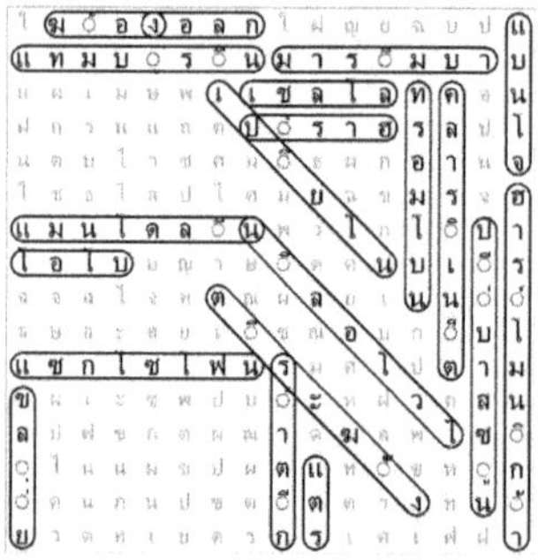

66 - Blumen

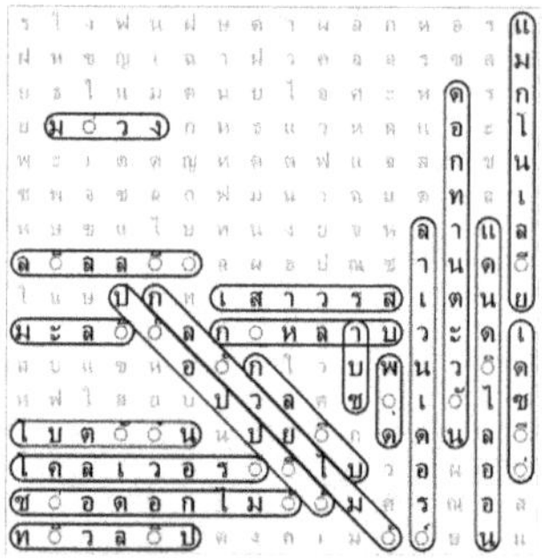

67 - Natur

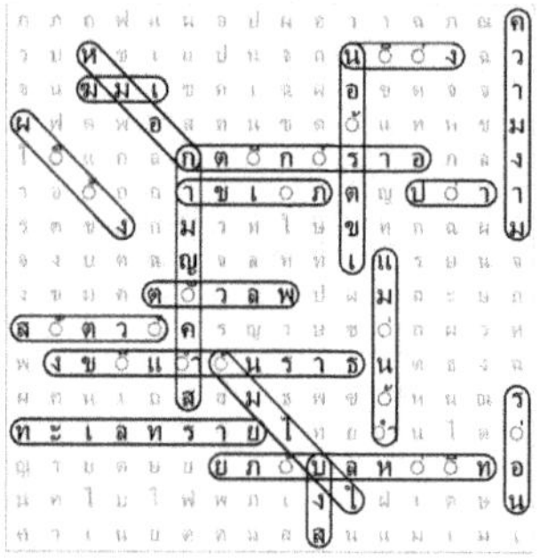

68 - Urlaub #2

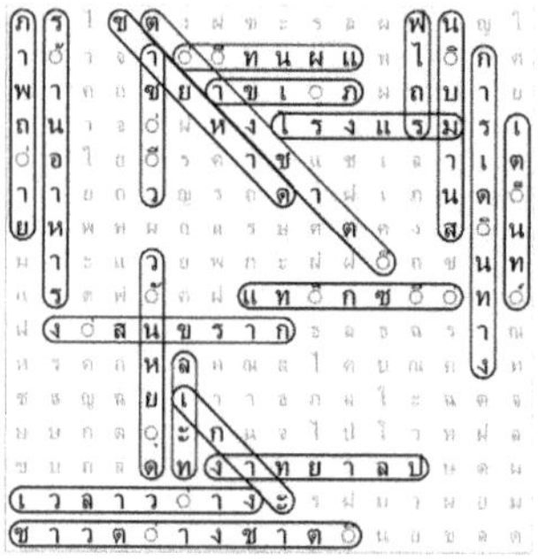

69 - Barbecues

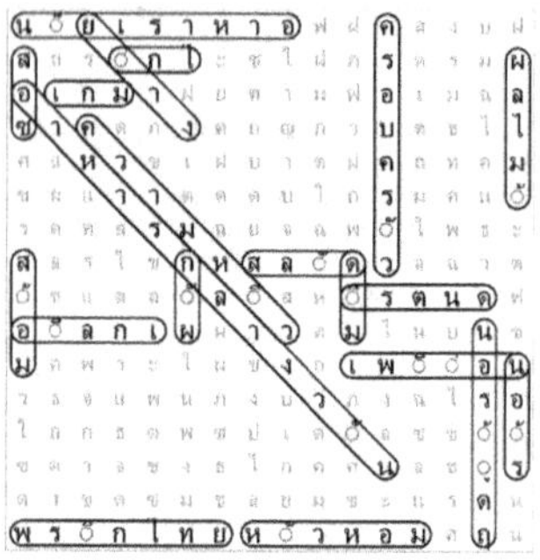

70 - Fotografie

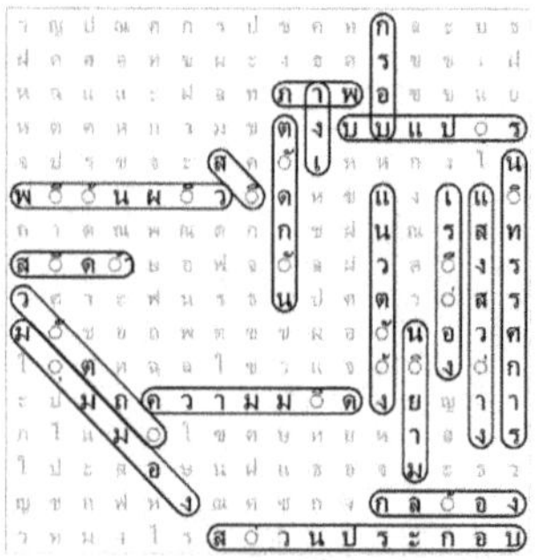

71 - Küche

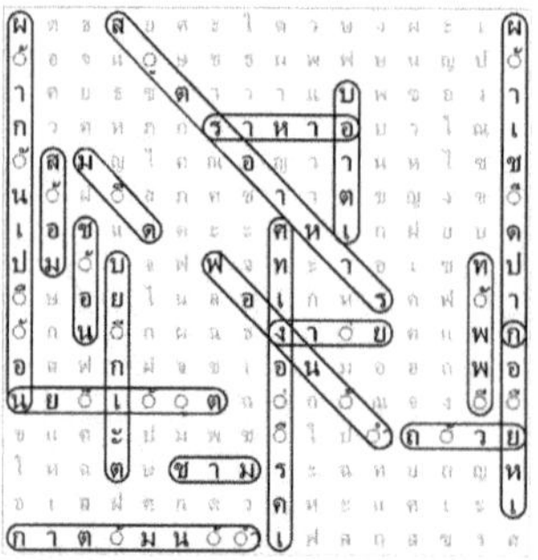

72 - Schach

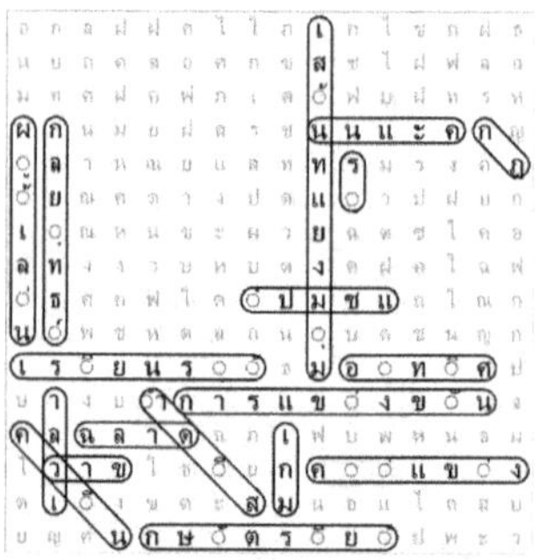

73 - Geographie

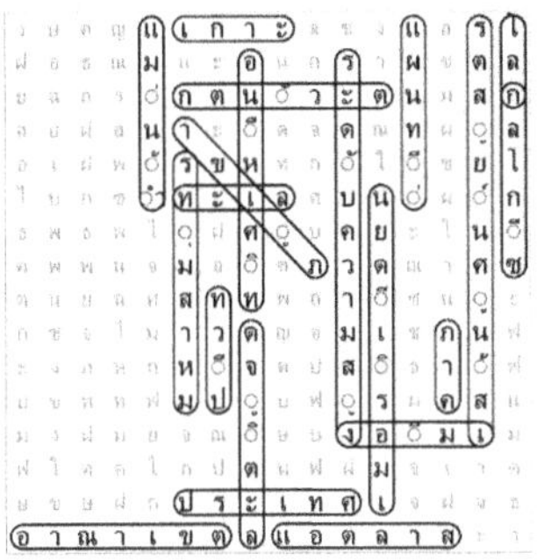

74 - Zahlen

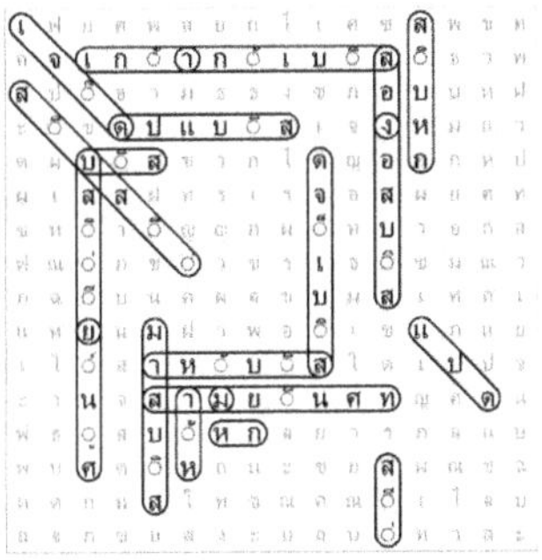

75 - Tage und Monate

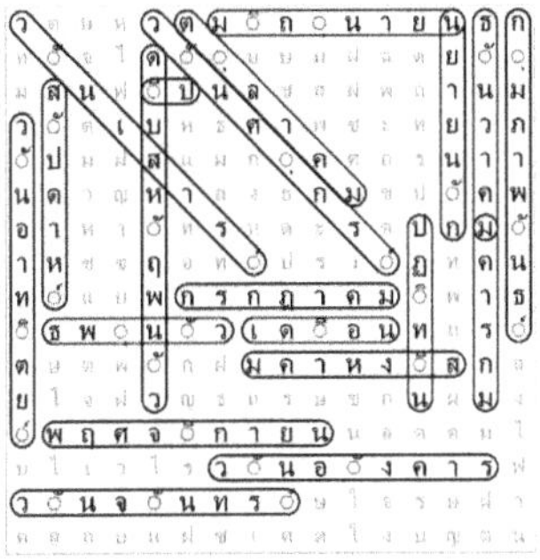

76 - Emotionen

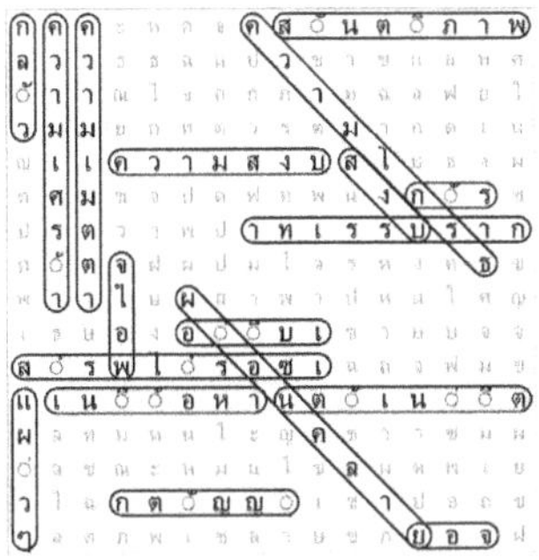

77 - Das Unternehmen

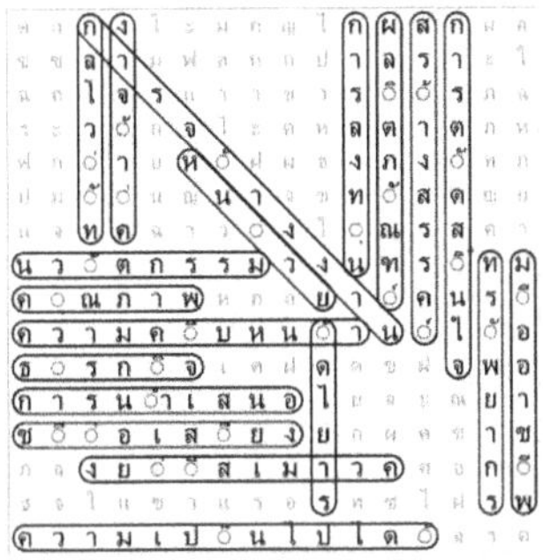

78 - Kräuterkunde

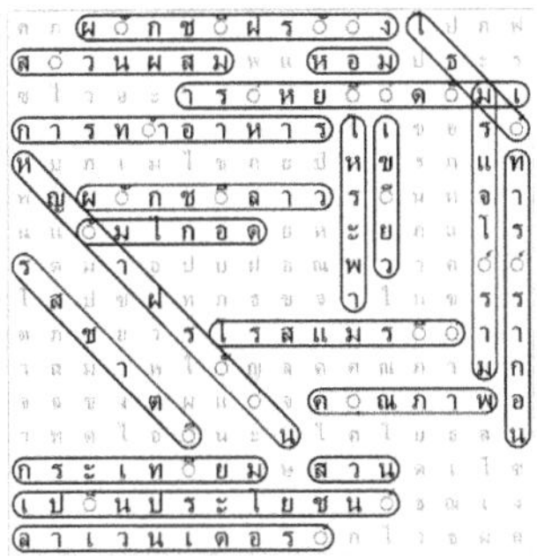

79 - Job Fähigkeiten

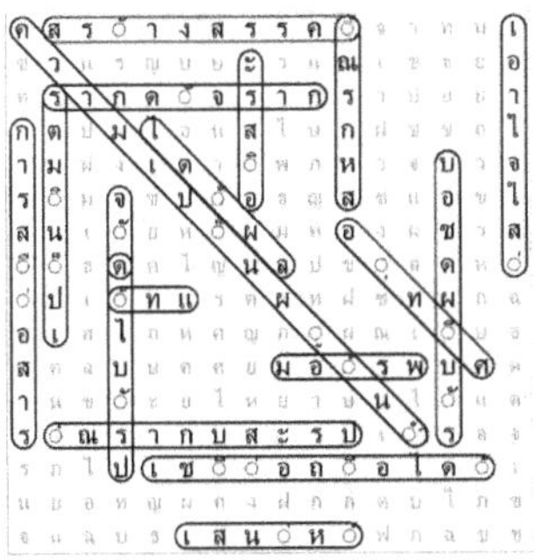

80 - Musik

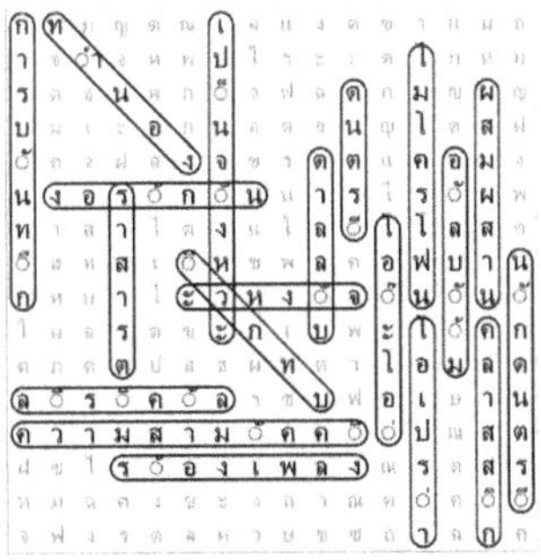

81 - Antiquitäten

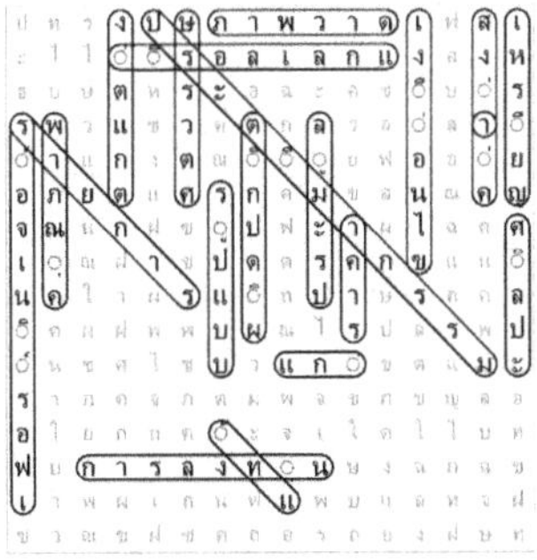

82 - Adjektive #2

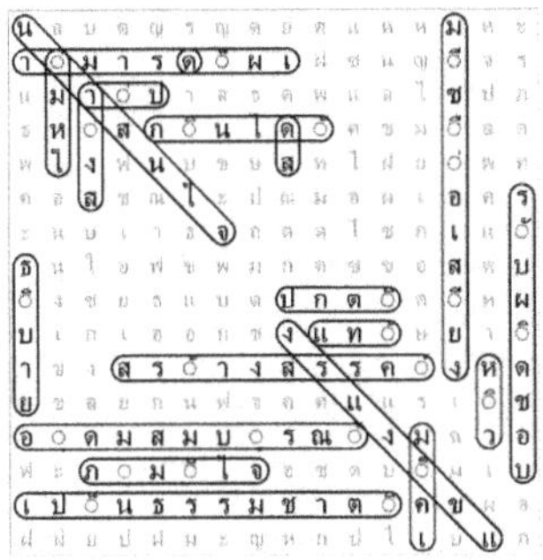

83 - Kleidung

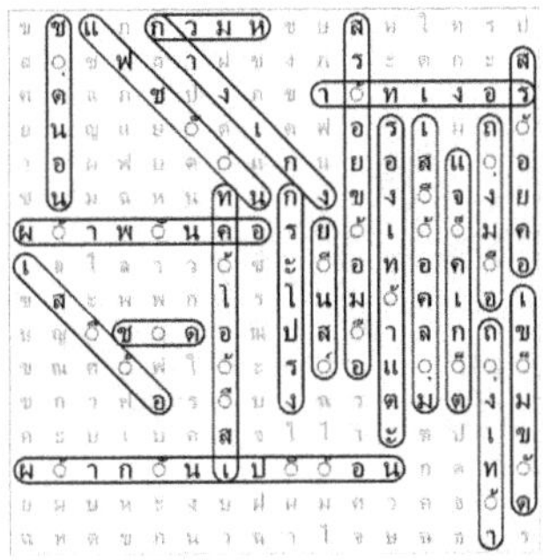

84 - Politik

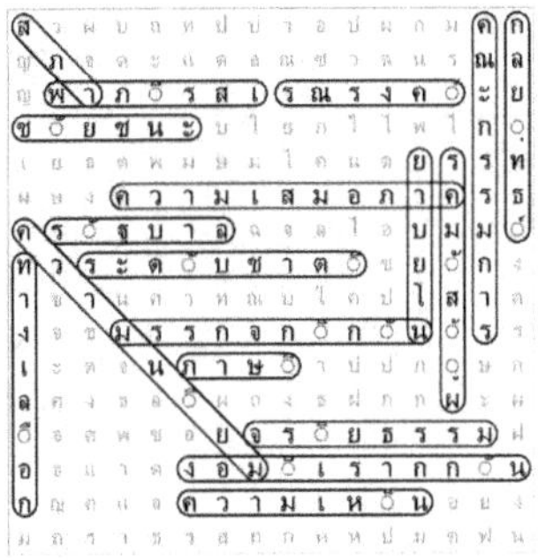

85 - Farben

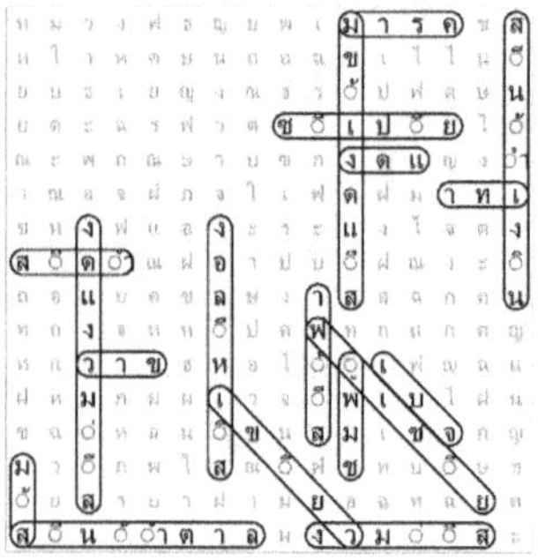

86 - Haus

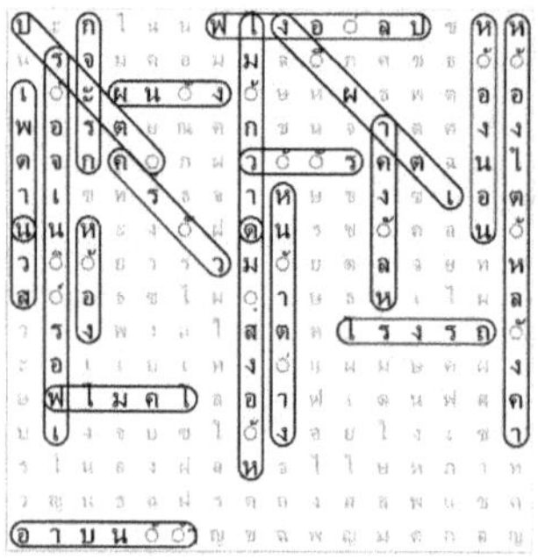

87 - Bauernhof #1

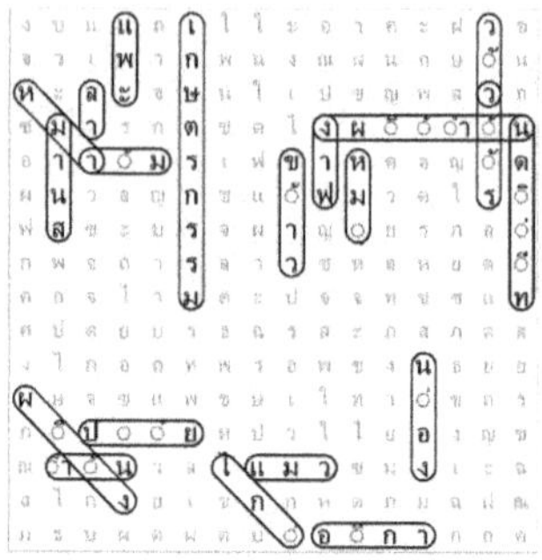

88 - Regierung

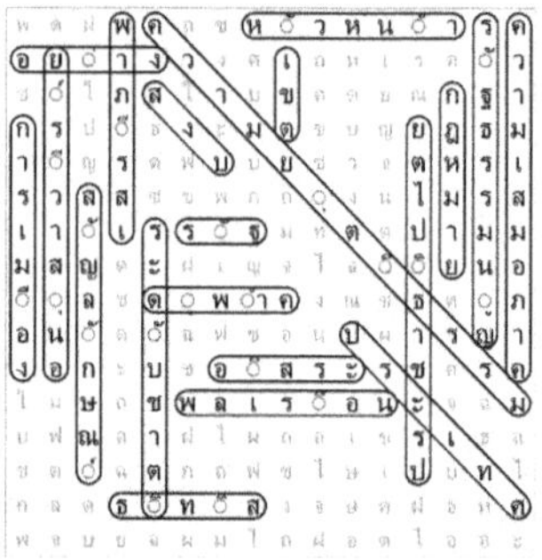

89 - Berufe #1

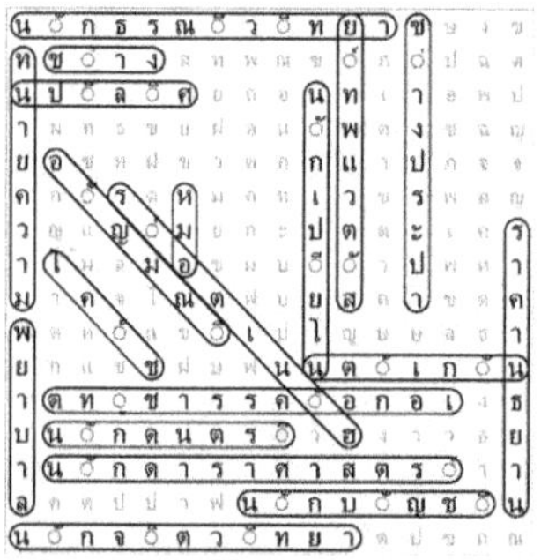

90 - Adjektive #1

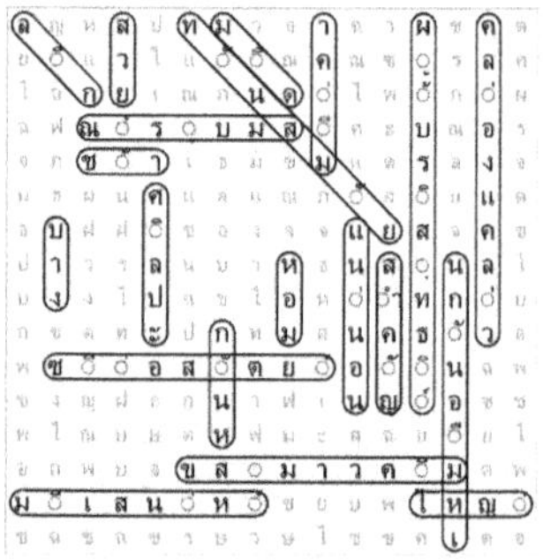

91 - Geometrie

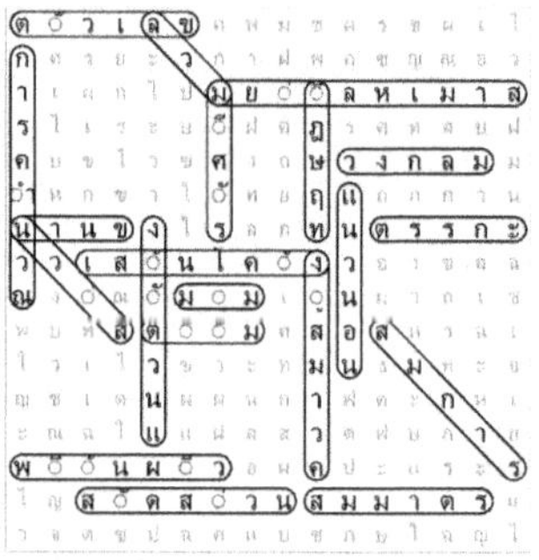

92 - Jazz

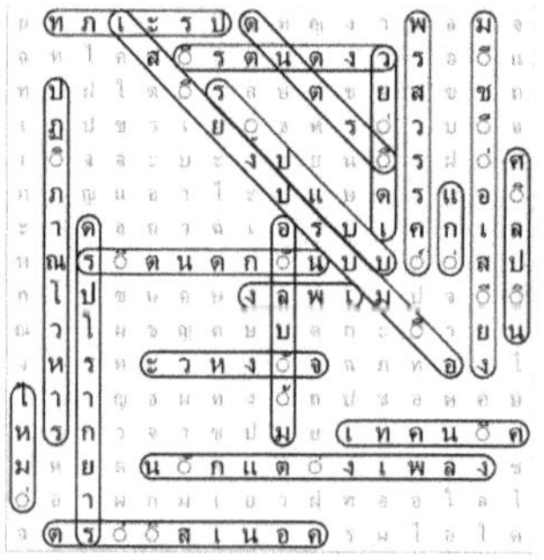

93 - Mathematik

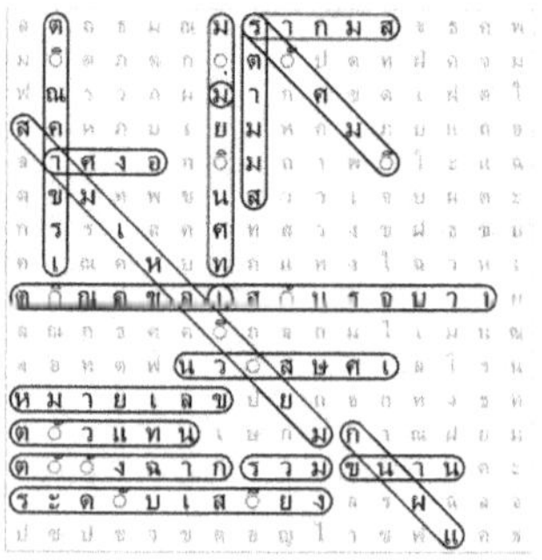

94 - Messungen

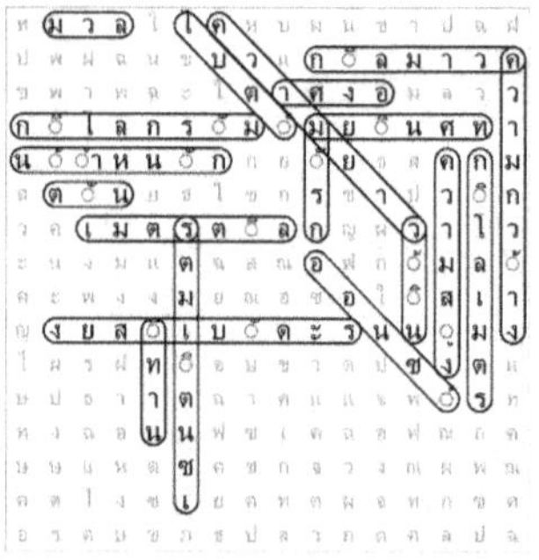

95 - Boxen

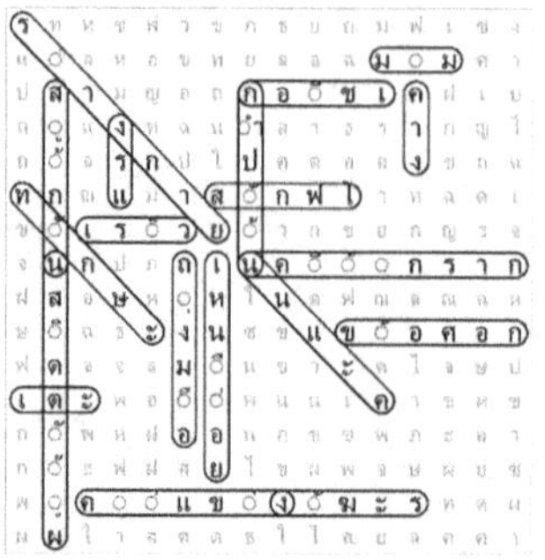

96 - Psychologie

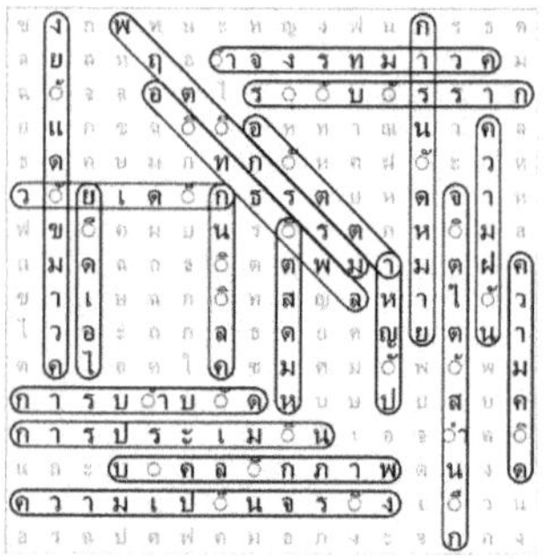

97 - Bauernhof #2

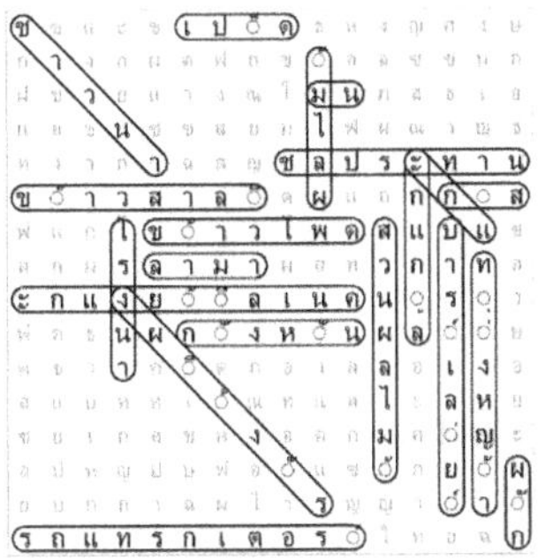

98 - Berufe #2

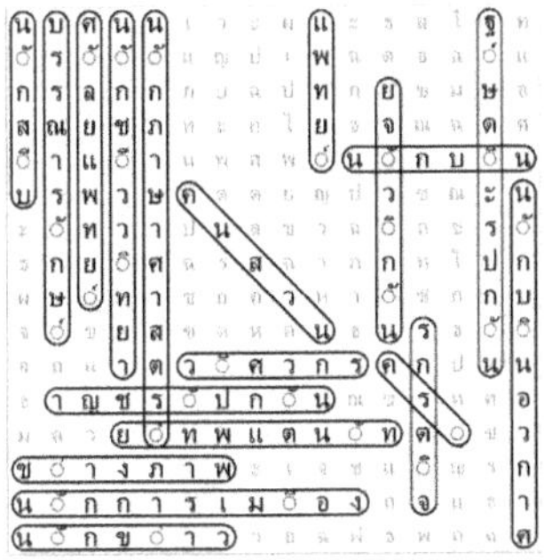

99 - Wetter

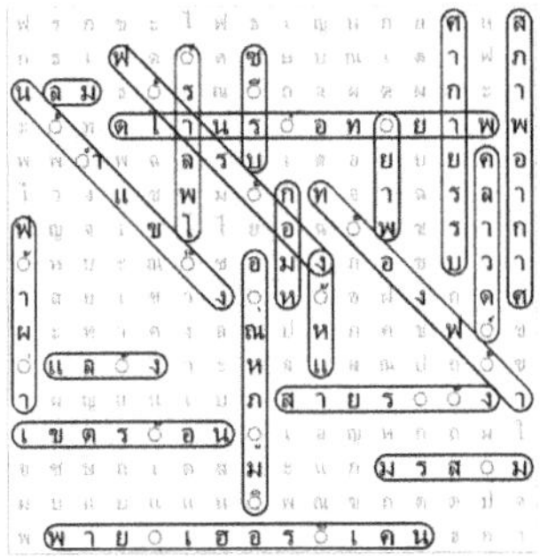

100 - Chemie

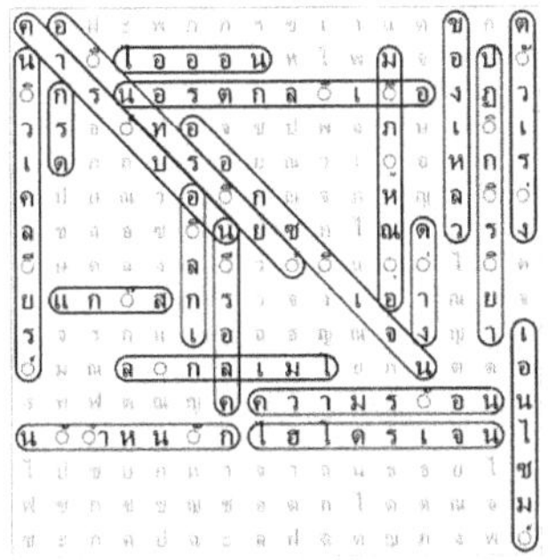

Wörterbuch

Abenteuer
การผจญภัย

Aktivität	กิจกรรม
Ausflug	ทัศนศึกษา
Chance	โอกาส
Freude	จอย
Freunde	เพื่อน
Gefährlich	อันตราย
Natur	ธรรมชาติ
Navigation	นำร่อง
Neu	ใหม่
Reisen	การเดินทาง
Schönheit	ความงาม
Schwierigkeit	ความยาก
Sicherheit	ความปลอดภัย
Tapferkeit	ความกล้าหาญ
Ungewöhnlich	ผิดปกติ
Überraschend	น่าแปลกใจ
Vorbereitung	การตระเตรียม
Ziel	ปลายทาง

Adjektive #1
คำคุณศัพท์ #1

Absolut	แน่นอน
Aktiv	คล่องแคล่ว
Aromatisch	หอม
Attraktiv	มีเสน่ห์
Dunkel	มืด
Dünn	บาง
Ehrlich	ซื่อสัตย์
Glücklich	มีความสุข
Identisch	เหมือนกัน
Künstlerisch	ศิลปะ
Langsam	ช้า
Modern	ทันสมัย
Perfekt	สมบูรณ์
Riesig	ใหญ่
Schön	สวย
Schwer	หนัก
Tief	ลึก
Unschuldig	ผู้บริสุทธิ์
Wertvoll	มีค่า
Wichtig	สำคัญ

Adjektive #2
คำคุณศัพท์ #2

Authentisch	แท้
Berühmt	มีชื่อเสียง
Beschreibend	อธิบาย
Dramatisch	ดราม่า
Elegant	สง่า
Essbar	กินได้
Frisch	สด
Gesund	แข็งแรง
Hungrig	หิว
Interessant	น่าสนใจ
Kreativ	สร้างสรรค์
Natürlich	เป็นธรรมชาติ
Neu	ใหม่
Normal	ปกติ
Produktiv	อุดมสมบูรณ์
Salzig	เค็ม
Stolz	ภูมิใจ
Verantwortlich	รับผิดชอบ
Wild	ป่า
Würzig	เผ็ด

Agronomie
ปฐพีวิทยา

Boden	ดิน
Dünger	ปุ๋ย
Energie	พลังงาน
Erosion	ร่อน
Forschung	วิจัย
Gemüse	ผัก
Krankheit	โรค
Landwirtschaft	เกษตรกรรม
Ländlich	ชนบท
Nachhaltig	ยั่งยืน
Organisch	อินทรีย์
Ökologie	นิเวศวิทยา
Pflanzen	พืช
Produktion	การผลิต
Studie	เรียน
Systeme	ระบบ
Umwelt	สิ่งแวดล้อม
Verschmutzung	มลพิษ
Wasser	น้ำ
Wissenschaft	วิทยาศาสตร์

Aktivitäten
กิจกรรมต่างๆ

Aktivität	กิจกรรม
Angeln	ตกปลา
Entspannung	ผ่อนคลาย
Fähigkeit	ทักษะ
Fotografie	การถ่ายภาพ
Freizeit	เวลาว่าง
Gartenarbeit	การทำสวน
Gemälde	ภาพวาด
Jagd	ล่าสัตว์
Keramik	เซรามิก
Kunst	ศิลปะ
Kunsthandwerk	งานฝีมือ
Lesen	การอ่าน
Magie	มายากล
Nähen	การเย็บ
Spiele	เกม
Stricken	ถัก
Vergnügen	ยินดี

Algebra
พีชคณิต

Bruchteil	เศษส่วน
Diagramm	แผนภาพ
Exponent	ตัวแทน
Faktor	ปัจจัย
Falsch	เท็จ
Formel	สูตร
Gleichung	สมการ
Linear	เชิงเส้น
Lösen	แก้
Lösung	สารละลาย
Matrix	เมตริกซ์
Menge	ปริมาณ
Null	ศูนย์
Nummer	ตัวเลข
Problem	ปัญหา
Subtraktion	การลบ
Summe	รวม
Unendlich	อนันต์
Variable	ตัวแปร
Vereinfachen	ทำ

Angeln
ตกปลา

Ausrüstung	อุปกรณ์
Boot	เรือ
Draht	ลวด
Flossen	ครีบ
Fluss	แม่น้ำ
Geduld	ความอดทน
Gewicht	น้ำหนัก
Haken	ตะขอ
Jahreszeit	ฤดู
Kiefer	ขากรรไกร
Kiemen	เหงือก
Kochen	ทำอาหาร
Korb	ตะกร้า
Köder	เหยื่อ
Ozean	มหาสมุทร
See	ทะเลสาบ
Strand	ชายหาด
Waage	ตาชั่ง
Wasser	น้ำ

Antarktis
ทวีปแอนตาร์กติกา

Bucht	อ่าว
Eis	น้ำแข็ง
Erhaltung	การอนุรักษ์
Expedition	การเดินทาง
Felsig	ขรุขระ
Forscher	นักวิจัย
Geographie	ภูมิศาสตร์
Gletscher	กลาเซียร์
Halbinsel	คาบสมุทร
Kontinent	ทวีป
Migration	การโยกย้าย
Mineralien	แร่ธาตุ
Temperatur	อุณหภูมิ
Topographie	ภูมิประเทศ
Umwelt	สิ่งแวดล้อม
Vögel	นก
Wasser	น้ำ
Wetter	สภาพอากาศ
Wind	ลม
Wissenschaftlich	วิทยาศาสตร์

Antiquitäten
ของเก่า

Alt	แก่
Artikel	รายการ
Authentisch	แท้
Dekorativ	ตกแต่ง
Elegant	สง่า
Galerie	แกลเลอรี่
Gemälde	ภาพวาด
Investition	การลงทุน
Jahrhundert	ศตวรรษ
Kunst	ศิลปะ
Möbel	เฟอร์นิเจอร์
Münzen	เหรียญ
Preis	ราคา
Qualität	คุณภาพ
Skulptur	ประติมากรรม
Stil	รูปแบบ
Ungewöhnlich	ผิดปกติ
Versteigerung	ประมูล
Wert	ค่า
Zustand	เงื่อนไข

Archäologie
โบราณคดี

Analyse	การวิเคราะห์
Antiquität	สมัยโบราณ
Auswertung	การประเมิน
Ära	ยุค
Experte	ผู้เชี่ยวชาญ
Forscher	นักวิจัย
Fossil	ฟอสซิล
Geheimnis	ความลึกลับ
Grab	หลุมฝังศพ
Knochen	กระดูก
Mannschaft	ทีม
Nachkomme	ลูกหลาน
Objekte	วัตถุ
Professor	ศาสตราจารย์
Relikt	ของที่ระลึก
Tempel	วัด
Unbekannt	ไม่ทราบ
Uralt	โบราณ
Vergessen	ลืม
Zivilisation	อารยธรรม

Astronomie
ดาราศาสตร์

Astronaut	นักบินอวกาศ
Astronom	นักดาราศาสตร์
Erde	โลก
Finsternis	คราส
Galaxie	กาแลกซี่
Himmel	ท้องฟ้า
Komet	ดาวหาง
Konstellation	กลุ่มดาว
Meteor	ดาวตก
Mond	ดวงจันทร์
Nebel	เนบิวลา
Observatorium	หอดูดาว
Planet	ดาวเคราะห์
Rakete	จรวด
Satellit	ดาวเทียม
Sonne	ดวงอาทิตย์
Stern	ดาว
Supernova	ซูเปอร์โนวา
Tierkreis	จักรราศี
Universum	จักรวาล

Ballett
บัลเล่ต์

Anmutig	สง่างาม
Applaus	เสียงปรบมือ
Ausdrucksvoll	แสดงออก
Fähigkeit	ทักษะ
Geste	ท่าทาง
Intensität	ความเข้มข้น
Komponist	นักแต่งเพลง
Künstlerisch	ศิลปะ
Musik	ดนตรี
Muskel	กล้ามเนื้อ
Orchester	วงดนตรี
Probe	ซ้อม
Publikum	ผู้ชม
Rhythmus	จังหวะ
Solo	เดี่ยว
Stil	รูปแบบ
Tänzer	นักเต้น
Technik	เทคนิค

Barbecues
บาร์บีคิว

Abendessen	อาหารเย็น
Familie	ครอบครัว
Freunde	เพื่อน
Frucht	ผลไม้
Gabeln	ส้อม
Gemüse	ผัก
Grill	ย่าง
Heiss	ร้อน
Huhn	ไก่
Hunger	ความหิว
Messer	มีด
Mittagessen	อาหารกลางวัน
Musik	ดนตรี
Pfeffer	พริกไทย
Salate	สลัด
Salz	เกลือ
Sommer	ฤดูร้อน
Sosse	ซอส
Spiele	เกม
Zwiebeln	หัวหอม

Bauernhof #1
ฟาร์ม #1

Biene	ผึ้ง
Dünger	ปุ๋ย
Esel	ลา
Feld	สนาม
Heu	ฟาง
Honig	น้ำผึ้ง
Huhn	ไก่
Hund	หมา
Kalb	น่อง
Katze	แมว
Krähe	อีกา
Kuh	วัว
Land	ที่ดิน
Landwirtschaft	เกษตรกรรม
Pferd	ม้า
Reis	ข้าว
Schwein	หมู
Wasser	น้ำ
Zaun	รั้ว
Ziege	แพะ

Bauernhof #2
ฟาร์ม #2

Bauer	ชาวนา
Bewässerung	ชลประทาน
Bienenstock	รังผึ้ง
Ente	เป็ด
Frucht	ผลไม้
Gemüse	ผัก
Gerste	บาร์เล่ย์
Lama	ลามา
Lamm	ลูกแกะ
Mais	ข้าวโพด
Milch	นม
Obstgarten	สวนผลไม้
Reif	สุก
Schaf	แกะ
Schäfer	คนเลี้ยงแกะ
Scheune	โรงนา
Traktor	รถแทรกเตอร์
Weizen	ข้าวสาลี
Wiese	ทุ่งหญ้า
Windmühle	กังหัน

Berufe #1
วิชาชีพ #1

Arzt	หมอ
Astronom	นักดาราศาสตร์
Bankier	นายธนาคาร
Botschafter	เอกอัครราชทูต
Buchhalter	นักบัญชี
Geologe	นักธรณีวิทยา
Jäger	ฮันเตอร์
Juwelier	อัญมณี
Klempner	ช่างประปา
Krankenschwest er	พยาบาล
Künstler	ศิลปิน
Mechaniker	ช่าง
Musiker	นักดนตรี
Pianist	นักเปียโน
Psychologe	นักจิตวิทยา
Rechtsanwalt	ทนายความ
Schneider	ช่างตัดเสื้อ
Tänzer	นักเต้น
Tierarzt	สัตวแพทย์
Trainer	โค้ช

Berufe #2
วิชาชีพ #2

Arzt	แพทย์
Astronaut	นักบินอวกาศ
Bibliothekar	บรรณารักษ์
Biologe	นักชีววิทยา
Chirurg	ศัลยแพทย์
Detektiv	นักสืบ
Erfinder	นักประดิษฐ์
Forscher	นักวิจัย
Fotograf	ช่างภาพ
Gärtner	คนสวน
Ingenieur	วิศวกร
Journalist	นักข่าว
Lehrer	ครู
Linguist	นักภาษาศาสตร์
Maler	จิตรกร
Philosoph	นักปรัชญา
Pilot	นักบิน
Politiker	นักการเมือง
Zahnarzt	ทันตแพทย์
Zoologe	นักสัตววิทยา

Bienen
ผึ้ง

Bienenkorb	รัง
Blumen	ดอกไม้
Blüte	ดอก
Essen	อาหาร
Flügel	ปีก
Frucht	ผลไม้
Garten	สวน
Honig	น้ำผึ้ง
Insekt	แมลง
Königin	ควีน
Lebensraum	ที่อยู่อาศัย
Ökosystem	ระบบนิเวศ
Pflanzen	พืช
Pollen	เรณู
Rauch	ควัน
Schwarm	ฝูง
Sonne	ดวงอาทิตย์
Vielfalt	ความหลากหลาย
Vorteilhaft	เป็นประโยชน์
Wachs	ขี้ผึ้ง

Biologie
ชีววิทยา

Bakterien	แบคทีเรีย
Chromosom	โครโมโซม
Embryo	เอ็มบริโอ
Enzym	เอนไซม์
Erreger	เชื้อโรค
Evolution	วิวัฒนาการ
Hormon	ฮอร์โมน
Kern	นิวเคลียส
Kollagen	คอลลาเจน
Mutation	การกลายพันธุ์
Natürlich	เป็นธรรมชาติ
Nerv	เส้นประสาท
Neuron	เซลล์ประสาท
Osmose	ออสโมซิส
Pflanzen	พืช
Protein	โปรตีน
Symbiose	ซิมไบโอซิส
Synapse	ไซแนปส์
Winterschlaf	ไฮเบอร์เนต
Zelle	เซลล์

Blumen
ดอกไม้

Blütenblatt	กลีบ
Gardenie	พุด
Gänseblümchen	เดซี่
Hibiskus	ชบา
Jasmin	มะลิ
Klee	โคลเวอร์
Lavendel	ลาเวนเดอร์
Lila	ม่วง
Lilie	ลิลลี่
Löwenzahn	แดนดิไลออน
Magnolie	แมกโนเลีย
Mohn	ป๊อปปี้
Orchidee	กล้วยไม้
Passionsblume	เสาวรส
Pfingstrose	โบตั๋น
Rose	กุหลาบ
Sonnenblume	ดอกทานตะวัน
Strauss	ช่อดอกไม้
Tulpe	ทิวลิป

Boote
เรือ

Anker	สมอ
Boje	ทุ่น
Crew	ลูกเรือ
Dock	ท่าเรือ
Fähre	เรือข้ามฟาก
Floss	แพ
Fluss	แม่น้ำ
Kajak	คายัค
Kanu	แคนู
Mast	เสา
Meer	ทะเล
Motor	เครื่องยนต์
Ozean	มหาสมุทร
Rettungsboot	เรือชูชีพ
See	ทะเลสาบ
Seemann	กะลาสี
Segelboot	เรือใบ
Seil	เชือก
Wellen	คลื่น
Yacht	เรือยอชท์

Boxen
การต่อยมวย

Ecke	มุม
Ellbogen	ข้อศอก
Erschöpft	เหนื่อย
Faust	กำปั้น
Fähigkeit	ทักษะ
Fokus	โฟกัส
Gegner	คู่แข่ง
Glocke	ระฆัง
Handschuhe	ถุงมือ
Kämpfer	นักสู้
Kick	เตะ
Kinn	คาง
Körper	ร่างกาย
Punkte	คะแนน
Recovery	การกู้คืน
Schiedsrichter	ผู้ตัดสิน
Schnell	เร็ว
Seile	เชือก
Stärke	แรง

Bücher
หนังสือ

Abenteuer	การผจญภัย
Autor	ผู้เขียน
Dualität	ความเป็นคู่
Episch	มหากาพย์
Erfinderisch	ประดิษฐ์
Erzähler	ผู้บรรยาย
Gedicht	กลอน
Geschichte	เรื่องราว
Geschrieben	เขียน
Historisch	ประวัติศาสตร์
Humorvoll	ตลก
Kontext	บริบท
Leser	ผู้อ่าน
Literarisch	วรรณกรรม
Poesie	บทกวี
Relevant	ที่เกี่ยวข้อง
Roman	นิยาย
Seite	หน้า
Serie	ชุด
Tragisch	อนาถ

Camping
ค่ายพักแรม

Abenteuer	การผจญภัย
Bäume	ต้นไม้
Berg	ภูเขา
Feuer	ไฟ
Hängematte	เปลญวน
Hut	หมวก
Insekt	แมลง
Jagd	ล่าสัตว์
Kabine	ห้าง
Kanu	แคนู
Karte	แผนที่
Kompass	เข็มทิศ
Mond	ดวงจันทร์
Natur	ธรรมชาติ
See	ทะเลสาบ
Seil	เชือก
Spass	สนุก
Tiere	สัตว์
Wald	ป่า
Zelt	เต็นท์

Chemie
เคมีภัณฑ์

Alkalisch	ด่าง
Chlor	คลอรีน
Elektron	อิเล็กตรอน
Enzym	เอนไซม์
Flüssigkeit	ของเหลว
Gas	แก๊ส
Gewicht	น้ำหนัก
Hitze	ความร้อน
Ion	ไอออน
Katalysator	ตัวเร่ง
Kohlenstoff	คาร์บอน
Molekül	โมเลกุล
Nuklear	นิวเคลียร์
Organisch	อินทรีย์
Reaktion	ปฏิกิริยา
Salz	เกลือ
Sauerstoff	ออกซิเจน
Säure	กรด
Temperatur	อุณหภูมิ
Wasserstoff	ไฮโดรเจน

Das Unternehmen
บริษัท

Beschäftigung	การจ้างงาน
Einheiten	หน่วย
Einnahmen	รายได้
Entscheidung	การตัดสินใจ
Fortschritt	ความคืบหน้า
Geschäft	ธุรกิจ
Global	ทั่วโลก
Industrie	อุตสาหกรรม
Innovativ	นวัตกรรม
Investition	การลงทุน
Kreativ	สร้างสรรค์
Löhne	ค่าจ้าง
Möglichkeit	ความเป็นไปได้
Präsentation	การนำเสนอ
Produkt	ผลิตภัณฑ์
Professionell	มืออาชีพ
Qualität	คุณภาพ
Ressourcen	ทรัพยากร
Risiken	ความเสี่ยง
Ruf	ชื่อเสียง

Diplomatie
การทูต

Ausländisch	ต่างชาติ
Berater	ที่ปรึกษา
Botschaft	สถานทูต
Botschafter	เอกอัครราชทูต
Bürger	พลเมือง
Diplomatisch	นักการทูต
Diskussion	อย่าง
Ethik	จริยธรรม
Gemeinschaft	ชุมชน
Gerechtigkeit	ความยุติธรรม
Humanitär	มนุษยธรรม
Integrität	ความซื่อสัตย์
Konflikt	ความขัดแย้ง
Lösung	สารละลาย
Politik	การเมือง
Regierung	รัฐบาล
Sicherheit	ความปลอดภัย
Sprachen	ภาษา
Vertrag	สนธิสัญญา
Zusammenarbeit	ความร่วมมือ

Emotionen
อารมณ์ความรู้สึก

Angst	กลัว
Aufgeregt	ตื่นเต้น
Dankbar	กตัญญู
Entspannt	ผ่อนคลาย
Freude	จอย
Freundlichkeit	ความเมตตา
Frieden	สันติภาพ
Inhalt	เนื้อหา
Langeweile	เบื่อ
Liebe	รัก
Relief	การบรรเทา
Ruhe	ความสงบ
Ruhig	สงบ
Traurigkeit	ความเศร้า
Überraschen	เซอร์ไพรส์
Wut	ความโกรธ
Zärtlichkeit	แผ่วๆ
Zufrieden	พอใจ

Energie
พลังงาน

Batterie	แบตเตอรี่
Benzin	น้ำมันเบนซิน
Brennstoff	เชื้อเพลิง
Diesel	ดีเซล
Elektrisch	ไฟฟ้า
Elektron	อิเล็กตรอน
Entropie	เอนโทรปี
Erneuerbar	ทดแทน
Hitze	ความร้อน
Industrie	อุตสาหกรรม
Kohlenstoff	คาร์บอน
Motor	เครื่องยนต์
Nuklear	นิวเคลียร์
Photon	โฟตอน
Sonne	ดวงอาทิตย์
Turbine	กังหัน
Umwelt	สิ่งแวดล้อม
Verschmutzung	มลพิษ
Wasserstoff	ไฮโดรเจน
Wind	ลม

Ernährung
โภชนาการ

Appetit	ความกระหาย
Ausgewogen	สมดุล
Bitter	ขม
Diät	อาหาร
Essbar	กินได้
Fermentation	การหมัก
Geschmack	รสชาติ
Gesund	แข็งแรง
Gesundheit	สุขภาพ
Getreide	ซีเรียล
Gewicht	น้ำหนัก
Kalorien	แคลอรี่
Kohlenhydrate	คาร์โบไฮเดรต
Nährstoff	สารอาหาร
Proteine	โปรตีน
Qualität	คุณภาพ
Sosse	ซอส
Toxin	พิษ
Verdauung	การย่อย
Vitamin	วิตามิน

Essen #1
อาหาร #1

Basilikum	โหระพา
Birne	ลูกแพร์
Erdnuss	ถั่วลิสง
Fleisch	เนื้อ
Gerste	บาร์เล่ย์
Kaffee	กาแฟ
Karotte	แครอท
Knoblauch	กระเทียม
Milch	นม
Rübe	หัวผักกาด
Saft	น้ำผลไม้
Salat	สลัด
Salz	เกลือ
Spinat	ผักโขม
Suppe	ซุป
Thunfisch	ทูน่า
Zimt	อบเชย
Zitrone	มะนาว
Zucker	น้ำตาล
Zwiebel	หัวหอม

Essen #2
อาหาร #2

Apfel	แอปเปิ้ล
Artischocke	อาติโช๊ค
Aubergine	มะเขือ
Banane	กล้วย
Brokkoli	บรอกโคลี
Brot	ขนมปัง
Ei	ไข่
Fisch	ปลา
Joghurt	โยเกิร์ต
Käse	ชีส
Kirsche	เชอร์รี่
Mandel	อัลมอนด์
Pilz	เห็ด
Reis	ข้าว
Schinken	แฮม
Schokolade	ช็อคโกแลต
Sellerie	ขึ้นฉ่าย
Spargel	หน่อไม้ฝรั่ง
Tomate	มะเขือเทศ
Weizen	ข้าวสาลี

Fahren
การขับรถ

Auto	รถ
Bremsen	เบรค
Brennstoff	เชื้อเพลิง
Bus	รถเมล์
Fussgänger	คนเดินเท้า
Garage	โรงรถ
Gas	แก๊ส
Gefahr	อันตราย
Geschwindigkeit	ความเร็ว
Karte	แผนที่
Lizenz	ใบอนุญาต
Lkw	รถบรรทุก
Motor	เครื่องยนต์
Motorrad	รถจักรยานยนต์
Polizei	ตำรวจ
Sicherheit	ความปลอดภัย
Transport	การขนส่ง
Tunnel	อุโมงค์
Unfall	อุบัติเหตุ
Verkehr	การจราจร

Fahrzeuge
ยานพาหนะ

Auto	รถ
Boot	เรือ
Bus	รถเมล์
Fahrrad	จักรยาน
Fähre	เรือข้ามฟาก
Floss	แพ
Flugzeug	เครื่องบิน
Hubschrauber	เฮลิคอปเตอร์
Krankenwagen	รถพยาบาล
Lkw	รถบรรทุก
Motor	เครื่องยนต์
Rakete	จรวด
Reifen	ยาง
Roller	สกู๊ตเตอร์
Taxi	แท็กซี่
Traktor	รถแทรกเตอร์
U-Bahn	รถไฟใต้ดิน
U-Boot	เรือดำน้ำ
Wohnwagen	คาราวาน
Zug	รถไฟ

Familie
ครอบครัว

Bruder	น้องชาย
Ehefrau	ภรรยา
Ehemann	สามี
Grossmutter	ยาย
Grossvater	ปู่
Kind	เด็ก
Kindheit	วัยเด็ก
Mutter	แม่
Mütterlich	มารดา
Neffe	หลานชาย
Nichte	หลานสาว
Onkel	ลุง
Schwester	น้องสาว
Tante	ป้า
Tochter	ลูกสาว
Vater	พ่อ
Vetter	ลูกพี่ลูกน้อง
Vorfahr	บรรพบุรุษ
Zwillinge	ฝาแฝด

Farben
สีสัน

Azurblau	สีฟ้า
Beige	เบจ
Blau	สีน้ำเงิน
Braun	สีน้ำตาล
Fuchsie	ฟูเชีย
Gelb	สีเหลือง
Grau	เทา
Grün	เขียว
Indigo	คราม
Lila	สีม่วง
Magenta	สีม่วงแดง
Orange	ส้ม
Purpur	สีแดงเข้ม
Rosa	ชมพู
Rot	แดง
Schwarz	สีดำ
Sepia	ซีเปีย
Weiss	ขาว

Flugzeuge
เครื่องบิน

Abenteuer	การผจญภัย
Abstieg	การตกทอด
Atmosphäre	บรรยากาศ
Ballon	ลูกโป่ง
Brennstoff	เชื้อเพลิง
Crew	ลูกเรือ
Design	ออกแบบ
Geschichte	ประวัติศาสตร์
Himmel	ท้องฟ้า
Höhe	ความสูง
Konstruktion	การก่อสร้าง
Luft	อากาศ
Motor	เครื่องยนต์
Navigieren	นำทาง
Passagier	ผู้โดยสาร
Pilot	นักบิน
Propeller	ใบพัด
Turbulenz	ความปั่นป่วน
Wasserstoff	ไฮโดรเจน
Wetter	สภาพอากาศ

Fotografie
การถ่ายภาพ

Ausstellung	นิทรรศการ
Beleuchtung	แสงสว่าง
Definition	นิยาม
Dunkelheit	ความมืด
Farbe	สี
Format	รูปแบบ
Gegenstand	เรื่อง
Kamera	กล้อง
Kontrast	ตัดกัน
Objekt	วัตถุ
Perspektive	มุมมอง
Porträt	แนวตั้ง
Rahmen	กรอบ
Schatten	เงา
Schwarz	สีดำ
Textur	พื้นผิว
Visuell	ภาพ
Zusammensetzung	ส่วนประกอบ

Garten
สวนหย่อม

Bank	ม้านั่ง
Baum	ต้นไม้
Blume	ดอกไม้
Boden	ดิน
Busch	บุช
Garage	โรงรถ
Garten	สวน
Gras	หญ้า
Hängematte	เปลญวน
Obstgarten	สวนผลไม้
Rasen	สนามหญ้า
Rechen	คราด
Schaufel	พลั่ว
Schlauch	ท่อ
Teich	บ่อน้ำ
Terrasse	ชานบ้าน
Trampolin	แทรมโพลีน
Unkraut	วัชพืช
Veranda	ระเบียง
Zaun	รั้ว

Gebäude
สิ่งปลูกสร้าง

Bauernhof	ฟาร์ม
Botschaft	สถานทูต
Fabrik	โรงงาน
Garage	โรงรถ
Haus	บ้าน
Herberge	ที่พัก
Hotel	โรงแรม
Kabine	ห้าง
Kino	โรงภาพยนตร์
Krankenhaus	โรงพยาบาล
Museum	พิพิธภัณฑ์
Observatorium	หอดูดาว
Scheune	โรงนา
Schloss	ปราสาท
Schule	โรงเรียน
Stadion	สนามกีฬา
Theater	โรงละคร
Turm	หอคอย
Universität	มหาวิทยาลัย
Zelt	เต็นท์

Gemüse
ผักสด

Artischocke	อาติโช๊ค
Aubergine	มะเขือ
Blumenkohl	กะหล่ำ
Brokkoli	บรอกโคลี
Erbse	ถั่ว
Gurke	แตงกวา
Ingwer	ขิง
Karotte	แครอท
Kartoffel	มันฝรั่ง
Knoblauch	กระเทียม
Kürbis	ฟักทอง
Olive	มะกอก
Petersilie	ผักชีฝรั่ง
Pilz	เห็ด
Rübe	หัวผักกาด
Salat	สลัด
Sellerie	ขึ้นฉ่าย
Spinat	ผักโขม
Tomate	มะเขือเทศ
Zwiebel	หัวหอม

Geographie
ภูมิศาสตร์

Atlas	แอตลาส
Äquator	เส้นศูนย์สูตร
Berg	ภูเขา
Breite	ละติจูด
Fluss	แม่น้ำ
Gebiet	อาณาเขต
Hemisphäre	ซีกโลก
Höhe	ระดับความสูง
Insel	เกาะ
Karte	แผนที่
Kontinent	ทวีป
Land	ประเทศ
Meer	ทะเล
Meridian	เมอริเดียน
Norden	ทิศเหนือ
Ozean	มหาสมุทร
Region	ภาค
Stadt	เมือง
Welt	โลก
West	ตะวันตก

Geologie
ธรณีวิทยา

Erdbeben	แผ่นดินไหว
Erosion	ร่อน
Fossil	ฟอสซิล
Geschmolzen	เหลว
Geysir	ไกเซอร์
Höhle	ถ้ำ
Kalzium	แคลเซียม
Kontinent	ทวีป
Koralle	ปะการัง
Lava	ลาวา
Mineralien	แร่ธาตุ
Plateau	ที่ราบสูง
Quarz	ควอทซ์
Salz	เกลือ
Säure	กรด
Stalagmiten	หินงอก
Stalaktit	หินย้อย
Stein	หิน
Vulkan	ภูเขาไฟ
Zone	โซน

Geometrie
รูปทรงเรขาคณิต

Anteil	สัดส่วน
Berechnung	การคำนวณ
Dimension	มิติ
Dreieck	สามเหลี่ยม
Gleichung	สมการ
Horizontal	แนวนอน
Höhe	ความสูง
Kreis	วงกลม
Kurve	เส้นโค้ง
Logik	ตรรกะ
Masse	มวล
Nummer	ตัวเลข
Oberfläche	พื้นผิว
Parallel	ขนาน
Radius	รัศมี
Segment	ส่วน
Symmetrie	สมมาตร
Theorie	ทฤษฎี
Vertikal	แนวตั้ง
Winkel	มุม

Geschäft
ธุรกิจ

Arbeitgeber	นายจ้าง
Budget	งบประมาณ
Büro	ออฟฟิศ
Einkommen	รายได้
Fabrik	โรงงาน
Geld	เงิน
Geschäft	ร้าน
Gewinn	กำไร
Investition	การลงทุน
Karriere	อาชีพ
Kosten	ค่าใช้จ่าย
Manager	ผู้จัดการ
Mitarbeiter	พนักงาน
Rabatt	ส่วนลด
Steuern	ภาษี
Transaktion	ธุรกรรม
Verkauf	ขาย
Ware	สินค้า
Währung	เงินตรา
Wirtschaft	เศรษฐศาสตร์

Gesundheit und Wellness #1
สุขภาพและสุขภาพ #1

Aktiv	คล่องแคล่ว
Apotheke	ร้านขายยา
Arzt	หมอ
Bakterien	แบคทีเรีย
Behandlung	การรักษา
Entspannung	ผ่อนคลาย
Fraktur	แตกหัก
Gewohnheit	นิสัย
Haut	ผิว
Höhe	ความสูง
Hunger	ความหิว
Klinik	คลินิก
Knochen	กระดูก
Medizin	ยา
Medizinisch	ทางการแพทย์
Nerven	เส้นประสาท
Reflex	สะท้อน
Therapie	การบำบัด
Verletzung	บาดเจ็บ
Virus	ไวรัส

Gesundheit und Wellness #2
สุขภาพและสุขภาพ #2

Allergie	ภูมิแพ้
Appetit	ความกระหาย
Blut	เลือด
Diät	อาหาร
Energie	พลังงาน
Ernährung	โภชนาการ
Genetik	พันธุศาสตร์
Gesund	แข็งแรง
Gewicht	น้ำหนัก
Hygiene	สุขอนามัย
Infektion	การติดเชื้อ
Kalorie	แคลอรี่
Krankenhaus	โรงพยาบาล
Krankheit	โรค
Massage	นวด
Risiken	ความเสี่ยง
Schlafen	นอน
Sport	กีฬา
Stress	ความเครียด
Vitamin	วิตามิน

Gewürze
เครื่องเทศ

Anis	โป๊ยกั๊ก
Bitter	ขม
Curry	แกง
Fenchel	เม็ดยี่หร่า
Geschmack	รสชาติ
Ingwer	ขิง
Kardamom	กระวาน
Knoblauch	กระเทียม
Lakritze	ชะเอมเทศ
Muskatnuss	นัทเม็ก
Nelke	กานพลู
Paprika	ปาปริก้า
Pfeffer	พริกไทย
Safran	หญ้าฝรั่น
Salz	เกลือ
Sauer	เปรี้ยว
Süss	หวาน
Vanille	วนิลา
Zimt	อบเชย
Zwiebel	หัวหอม

Haartypen
ประเภทผม

Blond	สีบลอนด์
Braun	สีน้ำตาล
Dick	หนา
Dünn	บาง
Farbig	สี
Geflochten	ถัก
Gesund	แข็งแรง
Glänzend	เงา
Grau	สีเทา
Kahl	หัวล้าน
Kurz	สั้น
Lang	ยาว
Lockig	หยิก
Schwarz	สีดำ
Silber	เงิน
Trocken	แห้ง
Weich	อ่อนนุ่ม
Weiss	ขาว
Wellig	หยัก
Zöpfe	ถักเปีย

Haus
บ้าน

Besen	ไม้กวาด
Bibliothek	ห้องสมุด
Dach	หลังคา
Dachboden	ห้องใต้หลังคา
Decke	เพดาน
Dusche	อาบน้ำ
Fenster	หน้าต่าง
Garage	โรงรถ
Garten	สวน
Kamin	เตาผิง
Küche	ครัว
Lampe	โคมไฟ
Möbel	เฟอร์นิเจอร์
Schlafzimmer	ห้องนอน
Schornstein	ปล่องไฟ
Spiegel	กระจก
Tür	ประตู
Wand	ผนัง
Zaun	รั้ว
Zimmer	ห้อง

Ingenieurwesen
วิศวกรรม

Achse	แกน
Antrieb	แรงขับ
Berechnung	การคำนวณ
Diagramm	แผนภาพ
Diesel	ดีเซล
Energie	พลังงาน
Flüssigkeit	ของเหลว
Getriebe	เกียร์
Hebel	คันโยก
Konstruktion	การก่อสร้าง
Maschine	เครื่องจักร
Messung	การวัด
Motor	เครื่องยนต์
Reibung	แรงเสียดทาน
Stabilität	ความมั่นคง
Stärke	แรง
Struktur	โครงสร้าง
Tiefe	ความลึก
Verteilung	การกระจาย
Winkel	มุม

Insekten
แมลง

Ameise	มด
Biene	ผึ้ง
Blattlaus	เพลี้ย
Floh	เห็บ
Gottesanbeterin	กงแตนแตน
Heuschrecke	ตั๊กแตน
Hornisse	แตน
Kakerlake	แมลงสาบ
Käfer	ด้วง
Larve	ตัวอ่อน
Libelle	แมลงปอ
Marienkäfer	เต่าทอง
Motte	มอด
Mücke	ยุง
Schmetterling	ผีเสื้อ
Termite	ปลวก
Wespe	ต่อ
Wurm	หนอน
Zikade	จักจั่น

Jazz
แจ๊ส

Album	อัลบั้ม
Alt	แก่
Applaus	เสียงปรบมือ
Berühmt	มีชื่อเสียง
Favoriten	รายการโปรด
Genre	ประเภท
Improvisation	ปฏิภาณโวหาร
Komponist	นักแต่งเพลง
Konzert	คอนเสิร์ต
Künstler	ศิลปิน
Lied	เพลง
Musik	ดนตรี
Musiker	นักดนตรี
Neu	ใหม่
Orchester	วงดนตรี
Rhythmus	จังหวะ
Solo	เดี่ยว
Stil	รูปแบบ
Talent	พรสวรรค์
Technik	เทคนิค

Job-Fähigkeiten
ทักษะการงาน

Anpassungsfähi g	ปรับได้
Aufmerksam	เอาใจใส่
Authentisch	แท้
Bereit	พร้อม
Charismatisch	เสน่ห์
Erfahren	ประสบการณ์
Freundlich	เป็นมิตร
Führung	ความเป็นผู้นำ
Gewidmet	อุทิศ
Kommunikation	การสื่อสาร
Kooperativ	สหกรณ์
Kreativ	สร้างสรรค์
Management	การจัดการ
Organisiert	จัด
Unabhängig	อิสระ
Verantwortlich	รับผิดชอบ
Wirksam	ได้ผล
Zuverlässig	เชื่อถือได้

Kaffee
กาแฟ

Aroma	กลิ่นหอม
Bitter	ขม
Creme	ครีม
Filter	กรอง
Flüssigkeit	ของเหลว
Geschmack	รสชาติ
Getränk	เครื่องดื่ม
Koffein	คาเฟอีน
Mahlen	บด
Milch	นม
Morgen	เช้า
Preis	ราคา
Schwarz	สีดำ
Tasse	ถ้วย
Trinken	ดื่ม
Ursprung	ที่มา
Vielfalt	ความหลากหลาย
Wasser	น้ำ
Zucker	น้ำตาล

Kleidung
เสื้อผ้า

Armband	สร้อยข้อมือ
Gürtel	เข็มขัด
Halskette	สร้อยคอ
Handschuhe	ถุงมือ
Hemd	เสื้อ
Hose	กางเกง
Hut	หมวก
Jacke	แจ็คเก็ต
Jeans	ยีนส์
Kleid	ชุด
Mantel	เสื้อโค้ท
Mode	แฟชั่น
Pullover	เสื้อคลุม
Rock	กระโปรง
Sandalen	รองเท้าแตะ
Schal	ผ้าพันคอ
Schlafanzug	ชุดนอน
Schuh	รองเท้า
Schürze	ผ้ากันเปื้อน
Socken	ถุงเท้า

Krankheit
โรค

Abdominal	ท้อง
Allergien	ภูมิแพ้
Ansteckend	โรคติดต่อ
Atemwege	หายใจ
Bakteriell	แบคทีเรีย
Chronisch	เรื้อรัง
Entzündung	การอักเสบ
Erblich	กรรมพันธุ์
Genetisch	ทางพันธุกรรม
Gesundheit	สุขภาพ
Herz	หัวใจ
Immunität	ภูมิคุ้มกัน
Knochen	กระดูก
Körper	ร่างกาย
Neuropathie	โรคประสาท
Pulmonal	เกี่ยวกับปอด
Schwach	อ่อนแอ
Sinus	ไซนัส
Syndrom	ซินโดรม
Therapie	การบำบัด

Kräuterkunde
ยาสมุนไพร

Aromatisch	หอม
Basilikum	โหระพา
Blume	ดอกไม้
Dill	ผักชีลาว
Estragon	ทาร์รากอน
Fenchel	เม็ดยี่หร่า
Garten	สวน
Geschmack	รสชาติ
Grün	เขียว
Knoblauch	กระเทียม
Kulinarisch	การทำอาหาร
Lavendel	ลาเวนเดอร์
Majoran	มาร์โจแรม
Petersilie	ผักชีฝรั่ง
Qualität	คุณภาพ
Rosmarin	โรสแมรี่
Safran	หญ้าฝรั่น
Thymian	ไธม์
Vorteilhaft	เป็นประโยชน์
Zutat	ส่วนผสม

Kreativität
ความคิดสร้างสรรค์

Ausdruck	การแสดงออก
Authentizität	แท้
Bild	ภาพ
Dramatisch	ดราม่า
Eindruck	ความประทับใจ
Erfinderisch	ประดิษฐ์
Fähigkeit	ทักษะ
Flüssigkeit	ไหล
Gefühle	ความรู้สึก
Ideen	ไอเดีย
Inspiration	แรงบันดาลใจ
Intensität	ความเข้มข้น
Intuition	ปรีชา
Klarheit	ความชัดเจน
Künstlerisch	ศิลปะ
Phantasie	จินตนาการ
Spontan	โดยธรรมชาติ
Visionen	นิมิต
Vitalität	พลัง

Kunst
ศิลปะ

Ausdruck	การแสดงออก
Ehrlich	ซื่อสัตย์
Einfach	ง่าย
Gegenstand	เรื่อง
Gemälde	ภาพวาด
Keramik	เซรามิค
Komplex	ซับซ้อน
Original	ต้นฉบับ
Persönlich	ส่วนตัว
Poesie	บทกวี
Porträtieren	วาดภาพ
Schaffen	สร้าง
Skulptur	ประติมากรรม
Stimmung	อารมณ์
Surrealismus	สถิตยศาสตร์
Symbol	สัญลักษณ์
Visuell	ภาพ
Zusammensetzung	ส่วนประกอบ

Küche
ห้องครัว

Essen	อาหาร
Essstäbchen	ตะเกียบ
Gabeln	ส้อม
Gewürze	เครื่องเทศ
Grill	ย่าง
Kelle	ทัพพี
Krug	เหยือก
Kühlschrank	ตู้เย็น
Löffel	ช้อน
Messer	มีด
Ofen	เตาอบ
Rezept	สูตรอาหาร
Schürze	ผ้ากันเปื้อน
Schüssel	ชาม
Schwamm	ฟองน้ำ
Serviette	ผ้าเช็ดปาก
Tassen	ถ้วย
Wasserkocher	กาต้มน้ำ

Landschaften
ทิวทัศน์

Berg	ภูเขา
Eisberg	ภูเขาน้ำแข็ง
Fluss	แม่น้ำ
Geysir	ไกเซอร์
Gletscher	ธารน้ำแข็ง
Golf	อ่าว
Halbinsel	คาบสมุทร
Höhle	ถ้ำ
Hügel	เนินเขา
Insel	เกาะ
Meer	ทะเล
Oase	โอเอซิส
See	ทะเลสาบ
Strand	ชายหาด
Sumpf	บึง
Tal	หุบเขา
Tundra	ทุนดรา
Vulkan	ภูเขาไฟ
Wasserfall	น้ำตก
Wüste	ทะเลทราย

Länder #1
ประเทศ #1

Ägypten	อียิปต์
Brasilien	บราซิล
Deutschland	เยอรมนี
Finnland	ฟินแลนด์
Indien	อินเดีย
Irak	อิรัก
Israel	อิสราเอล
Italien	อิตาลี
Kambodscha	กัมพูชา
Kanada	แคนาดา
Lettland	ลัตเวีย
Mali	มาลี
Nicaragua	นิการากัว
Norwegen	นอร์เวย์
Polen	โปแลนด์
Rumänien	โรมาเนีย
Senegal	เซเนกัล
Spanien	สเปน
Venezuela	เวเนซุเอลา
Vietnam	เวียดนาม

Länder #2
ประเทศ #2

Albanien	แอลเบเนีย
Äthiopien	เอธิโอเปีย
Frankreich	ฝรั่งเศส
Griechenland	กรีซ
Haiti	เฮติ
Irland	ไอร์แลนด์
Jamaika	จาไมก้า
Japan	ญี่ปุ่น
Kenia	เคนยา
Laos	ลาว
Liberia	ไลบีเรีย
Mexiko	เม็กซิโก
Nepal	เนปาล
Nigeria	ไนจีเรีย
Pakistan	ปากีสถาน
Russland	รัสเซีย
Sudan	ซูดาน
Syrien	ซีเรีย
Uganda	ยูกันดา
Ukraine	ยูเครน

Literatur
วรรณกรรม

Analogie	อะนาล็อก
Analyse	การวิเคราะห์
Autor	ผู้เขียน
Beschreibung	ลักษณะ
Biographie	ชีวประวัติ
Dialog	บทพูด
Erzähler	ผู้บรรยาย
Gedicht	กลอน
Genre	ประเภท
Kritik	บทวิจารณ์
Meinung	ความเห็น
Metapher	คำอุปมา
Poetisch	บทกวี
Reim	สัมผัส
Rhythmus	จังหวะ
Roman	นิยาย
Schlussfolgerung	บทสรุป
Stil	รูปแบบ
Thema	ธีม
Tragödie	โศกนาฏกรรม

Mathematik
คณิตศาสตร์

Arithmetik	เลขคณิต
Bruchteil	เศษส่วน
Dezimal	ทศนิยม
Division	แผนก
Dreieck	สามเหลี่ยม
Exponent	ตัวแทน
Geometrie	เรขาคณิต
Gleichung	สมการ
Grad	องศา
Parallel	ขนาน
Radius	รัศมี
Senkrecht	ตั้งฉาก
Summe	รวม
Symmetrie	สมมาตร
Umfang	เส้นรอบวง
Volumen	ระดับเสียง
Winkel	มุม
Zahlen	หมายเลข

Meditation
การทำสมาธิ

Annahme	การยอมรับ
Atmung	การหายใจ
Aufmerksamkeit	ความสนใจ
Bewegung	การเคลื่อนไหว
Dankbarkeit	ความกตัญญู
Freundlichkeit	ความเมตตา
Frieden	สันติภาพ
Gedanken	ความคิด
Geistig	จิต
Glück	ความสุข
Klarheit	ความชัดเจน
Lehre	คำสอน
Lernen	เรียนรู้
Musik	ดนตรี
Natur	ธรรมชาติ
Perspektive	มุมมอง
Ruhig	สงบ
Stille	ความเงียบ
Verstand	ใจ
Wach	ตื่น

Menschlicher Körper
ร่างกายมนุษย์

Bein	ขา
Blut	เลือด
Ellbogen	ข้อศอก
Finger	นิ้ว
Gehirn	สมอง
Gesicht	หน้า
Hals	คอ
Hand	มือ
Haut	ผิว
Herz	หัวใจ
Kiefer	ขากรรไกร
Kinn	คาง
Knie	เข่า
Knöchel	ข้อเท้า
Kopf	หัว
Mund	ปาก
Nase	จมูก
Ohr	หู
Schulter	ไหล่
Zunge	ลิ้น

Messungen
การวัด

Breite	ความกว้าง
Byte	ไบต์
Dezimal	ทศนิยม
Gewicht	น้ำหนัก
Grad	องศา
Gramm	กรัม
Höhe	ความสูง
Kilogramm	กิโลกรัม
Kilometer	กิโลเมตร
Länge	ความยาว
Liter	ลิตร
Masse	มวล
Meter	เมตร
Minute	นาที
Tiefe	ความลึก
Tonne	ตัน
Unze	ออนซ์
Volumen	ระดับเสียง
Zentimeter	เซนติเมตร
Zoll	นิ้ว

Musik
ดนตรี

Album	อัลบั้ม
Aufnahme	การบันทึก
Ballade	บัลลาด
Eklektisch	ผสมผสาน
Harmonie	ความสามัคคี
Improvisieren	โอ๊ะโอ
Instrument	ตราสาร
Klassisch	คลาสสิก
Lyrisch	ลีริคัล
Melodie	ทำนอง
Mikrofon	ไมโครโฟน
Musical	ดนตรี
Musiker	นักดนตรี
Oper	โอเปร่า
Poetisch	บทกวี
Rhythmisch	เป็นจังหวะ
Rhythmus	จังหวะ
Sänger	นักร้อง
Singen	ร้องเพลง

Musikinstrumente
เครื่องดนตรี

Banjo	แบนโจ
Cello	เชลโล
Fagott	ปี่บาสซูน
Flöte	ขลุ่ย
Geige	ไวโอลิน
Gitarre	กีตาร์
Glockenspiel	ตีระฆัง
Gong	ฆ้อง
Harfe	ฮาร์ป
Klarinette	คลาริเน็ต
Klavier	เปียโน
Mandoline	แมนโดลิน
Marimba	มาริมบา
Mundharmonika	ฮาร์โมนิก้า
Oboe	โอโบ
Posaune	ทรอมโบน
Saxophon	แซกโซโฟน
Tamburin	แทมบูรีน
Trommel	กลอง
Trompete	แตร

Mythologie
ตำนานเทพนิยาย

Archetyp	ต้นแบบ
Blitz	ฟ้าผ่า
Donner	ฟ้าร้อง
Eifersucht	ความหึงหวง
Held	ฮีโร่
Himmel	สวรรค์
Katastrophe	ภัยพิบัติ
Kreation	การสร้าง
Kreatur	สิ่งมีชีวิต
Krieger	นักรบ
Kultur	วัฒนธรรม
Labyrinth	เขาวงกต
Legende	ตำนาน
Magisch	วิเศษ
Monster	สัตว์ประหลาด
Rache	แก้แค้น
Stärke	แรง
Sterblich	ยแร
Unsterblichkeit	อมตภาพ
Verhalten	พฤติกรรม

Natur
ธรรมชาติ

Arktis	อาร์กติก
Berge	ภูเขา
Bienen	ผึ้ง
Dynamisch	พลวัต
Erosion	ร่อน
Fluss	แม่น้ำ
Friedlich	สงบ
Gletscher	ธารน้ำแข็ง
Heiter	นิ่ง
Laub	ใบไม้
Lebenswichtig	สำคัญมาก
Nebel	หมอก
Schönheit	ความงาม
Schutz	ที่หลบภัย
Tiere	สัตว์
Tropisch	เขตร้อน
Wald	ป่า
Wolken	เมฆ
Wüste	ทะเลทราย

Obst
ผลไม้

Ananas	สัปปะรด
Apfel	แอปเปิ้ล
Aprikose	แอปริคอท
Avocado	อาโวคาโด
Banane	กล้วย
Beere	เบอร์รี่
Birne	ลูกแพร์
Brombeere	แบล็กเบอร์รี่
Himbeere	ราสเบอร์รี่
Kirsche	เชอร์รี่
Kiwi	กีวี่
Kokosnuss	มะพร้าว
Melone	เมลอน
Nektarine	เนคทารีน
Orange	ส้ม
Papaya	มะละกอ
Pfirsich	พีช
Pflaume	พลัม
Traube	องุ่น
Zitrone	มะนาว

Ozean
มหาสมุทร

Aal	ปลาไหล
Auster	หอยนางรม
Boot	เรือ
Delfin	ปลาโลมา
Fisch	ปลา
Garnele	กุ้ง
Gezeiten	น้ำขึ้นน้ำลง
Hai	ฉลาม
Koralle	ปะการัง
Krabbe	ปู
Krake	ปลาหมึกยักษ์
Qualle	แมงกะพรุน
Riff	รีฟ
Salz	เกลือ
Schildkröte	เต่า
Schwamm	ฟองน้ำ
Sturm	พายุ
Thunfisch	ทูน่า
Wal	วาฬ
Wellen	คลื่น

Ökologie
นิเวศวิทยา

Art	สายพันธุ์
Berge	ภูเขา
Dürre	แล้ง
Fauna	สัตว์ป่า
Flora	ฟลอรา
Freiwillige	อาสาสมัคร
Gemeinschaft	ชุมชน
Global	ทั่วโลก
Klima	ภูมิอากาศ
Lebensraum	ที่อยู่อาศัย
Marine	ทะเล
Nachhaltig	ยั่งยืน
Natur	ธรรมชาติ
Natürlich	เป็นธรรมชาติ
Ressourcen	ทรัพยากร
Sumpf	บึง
Überleben	การอยู่รอด
Vegetation	พืช
Vielfalt	ความหลากหลาย

Pflanzen
พืช

Bambus	ไม้ไผ่
Baum	ต้นไม้
Beere	เบอร์รี่
Blume	ดอกไม้
Blütenblatt	กลีบ
Bohne	ถั่ว
Botanik	พฤกษศาสตร์
Busch	บุช
Dünger	ปุ๋ย
Efeu	ไอวี่
Flora	ฟลอรา
Garten	สวน
Gras	หญ้า
Kaktus	กระบองเพชร
Kraut	สมุนไพร
Laub	ใบไม้
Moos	มอสส์
Vegetation	พืช
Wald	ป่า
Wurzel	ราก

Philanthropie
การกุศล

Brauchen	ต้องการ
Ehrlichkeit	ความซื่อสัตย์
Finanzieren	การเงิน
Gemeinschaft	ชุมชน
Geschichte	ประวัติศาสตร์
Global	ทั่วโลก
Grosszügigkeit	ความเอื้ออาทร
Gruppen	กลุ่ม
Jugend	เยาวชน
Kontakte	ติดต่อ
Menschen	ผู้คน
Menschheit	มนุษยชาติ
Mission	ภารกิจ
Mittel	กองทุน
Nächstenliebe	การกุศล
Öffentlich	สาธารณะ
Programme	โปรแกรม
Spenden	บริจาค
Ziele	เป้าหมาย

Physik
ฟิสิกส์

Atom	อะตอม
Chaos	ความวุ่นวาย
Chemisch	เคมี
Dichte	ความหนาแน่น
Elektron	อิเล็กตรอน
Experiment	การทดลอง
Formel	สูตร
Frequenz	ความถี่
Gas	แก๊ส
Geschwindigkeit	ความเร็ว
Magnetismus	แม่เหล็ก
Masse	มวล
Mechanik	กลศาสตร์
Molekül	โมเลกุล
Motor	เครื่องยนต์
Nuklear	นิวเคลียร์
Partikel	อนุภาค
Relativität	สัมพัทธภาพ
Universal	สากล
Variable	ตัวแปร

Politik
การเมือง

Aktivist	นักกิจกรรม
Ethik	จริยธรรม
Freiheit	เสรีภาพ
Gleichheit	ความเสมอภาค
Kampagne	รณรงค์
Kandidat	ผู้สมัคร
Komitee	คณะกรรมการ
Meinung	ความเห็น
National	ระดับชาติ
Politik	นโยบาย
Politiker	นักการเมือง
Popularität	ความนิยม
Rat	สภา
Regierung	รัฐบาล
Sieg	ชัยชนะ
Steuern	ภาษี
Strategie	กลยุทธ์
Wahl	ทางเลือก

Psychologie
จิตวิทยา

Bewertung	การประเมิน
Bewusstlos	หมดสติ
Ego	อัตตา
Einflüsse	อิทธิพล
Erinnerungen	ความทรงจำ
Gedanken	ความคิด
Ideen	ไอเดีย
Kindheit	วัยเด็ก
Klinisch	คลินิก
Konflikt	ความขัดแย้ง
Persönlichkeit	บุคลิกภาพ
Problem	ปัญหา
Termin	การนัดหมาย
Therapie	การบำบัด
Träume	ความฝัน
Unterbewusstsein	จิตใต้สำนึก
Verhalten	พฤติกรรม
Wahrnehmung	การรับรู้
Wirklichkeit	ความเป็นจริง

Regierung
รัฐบาล

Bezirk	เขต
Demokratie	ประชาธิปไตย
Denkmal	อนุสาวรีย์
Diskussion	อย่าง
Freiheit	เสรีภาพ
Friedlich	สงบ
Führer	หัวหน้า
Gerechtigkeit	ความยุติธรรม
Gesetz	กฎหมาย
Gleichheit	ความเสมอภาค
Nation	ประเทศ
National	ระดับชาติ
Politik	การเมือง
Rechte	สิทธิ
Rede	คำพูด
Staat	รัฐ
Symbol	สัญลักษณ์
Unabhängigkeit	อิสระ
Verfassung	รัฐธรรมนูญ
Zivil	พลเรือน

Restaurant #1
ร้านอาหาร #1

Allergie	ภูมิแพ้
Brot	ขนมปัง
Dessert	ขนม
Essen	อาหาร
Fleisch	เนื้อ
Huhn	ไก่
Kaffee	กาแฟ
Kassierer	แคชเชียร์
Kellnerin	พนักงานเสิร์ฟ
Küche	ครัว
Menü	เมนู
Messer	มีด
Reservierung	การจอง
Schüssel	ชาม
Serviette	ผ้าเช็ดปาก
Sosse	ซอส
Teller	จาน
Würzig	เผ็ด

Restaurant #2
ร้านอาหาร #2

Abendessen	อาหารเย็น
Eier	ไข่
Eis	น้ำแข็ง
Fisch	ปลา
Frucht	ผลไม้
Gabel	ส้อม
Gemüse	ผัก
Getränk	เครื่องดื่ม
Gewürze	เครื่องเทศ
Kellner	บริกร
Köstlich	อร่อย
Kuchen	เค้ก
Löffel	ช้อน
Mittagessen	อาหารกลางวัน
Nudeln	ก๋วยเตี๋ยว
Salat	สลัด
Salz	เกลือ
Stuhl	เก้าอี้
Suppe	ซุป
Wasser	น้ำ

Säugetiere
สัตว์เลี้ยงลูกด้วยนม

Affe	ลิง
Bär	หมี
Biber	บีเวอร์
Elefant	ช้าง
Fuchs	ฟ็อกซ์
Giraffe	ยีราฟ
Gorilla	กอริลลา
Hund	หมา
Känguru	จิงโจ้
Kojote	โคโยตี้
Löwe	สิงโต
Panther	เสือดำ
Pferd	ม้า
Ratte	หนู
Schaf	แกะ
Stier	โค
Tiger	เสือ
Wal	วาฬ
Wolf	หมาป่า
Zebra	ม้าลาย

Schach
หมากรุก

Champion	แชมป์
Diagonal	เส้นทแยงมุม
Gegner	คู่แข่ง
Klug	ฉลาด
König	กษัตริย์
Königin	ควีน
Lernen	เรียนรู้
Opfer	อุทิศ
Passiv	รู
Punkte	คะแนน
Regeln	กฎ
Schwarz	สีดำ
Spiel	เกม
Spieler	ผู้เล่น
Strategie	กลยุทธ์
Turnier	การแข่งขัน
Weiss	ขาว
Zeit	เวลา

Schokolade
ช็อกโกแลต

Aroma	กลิ่นหอม
Bitter	ขม
Erdnüsse	ถั่ว
Essen	กิน
Exotisch	แปลกใหม่
Favorit	ที่ชื่นชอบ
Geschmack	รส
Handwerklich	ช่างฝีมือ
Kakao	โกโก้
Kalorien	แคลอรี่
Karamell	คาราเมล
Kokosnuss	มะพร้าว
Köstlich	อร่อย
Pulver	ผง
Qualität	คุณภาพ
Rezept	สูตรอาหาร
Süss	หวาน
Zucker	น้ำตาล
Zutat	ส่วนผสม

Schönheit
ความงาม

Anmut	เกรซ
Charme	เสน่ห์
Dienstleistungen	บริการ
Duft	กลิ่นหอม
Elegant	สง่า
Eleganz	ความงดงาม
Farbe	สี
Fotogen	ถ่ายรูป
Glatt	เรียบ
Haut	ผิว
Kosmetik	เครื่องสำอาง
Lippenstift	ลิปสติก
Locken	หยิก
Öle	น้ำมัน
Produkte	ผลิตภัณฑ์
Schere	กรรไกร
Shampoo	แชมพู
Spiegel	กระจก
Stylist	สไตลิสต์
Wimperntusche	มาสคาร่า

Science Fiction
นิยายวิทยาศาสตร์

Bücher	หนังสือ
Chemikalien	สารเคมี
Dystopie	ดิสโทเปีย
Explosion	การระเบิด
Extrem	สุดขีด
Fantastisch	มหัศจรรย์
Feuer	ไฟ
Futuristisch	อนาคต
Galaxie	กาแลกซี่
Geheimnisvoll	ลึกลับ
Illusion	ภาพลวงตา
Imaginär	เพ้อฝัน
Kino	โรงภาพยนตร์
Orakel	สิทธิ์
Planet	ดาวเคราะห์
Roboter	หุ่นยนต์
Szenario	สถานการณ์
Technologie	เทคโนโลยี
Utopie	ยูโทเปีย
Welt	โลก

Stadt
เมือง

Apotheke	ร้านขายยา
Bank	ธนาคาร
Bäckerei	เบเกอรี่
Bibliothek	ห้องสมุด
Blumenhändler	ดอกไม้ดี
Buchhandlung	ร้านหนังสือ
Flughafen	สนามบิน
Galerie	แกลเลอรี่
Geschäft	ร้าน
Hotel	โรงแรม
Kino	โรงภาพยนตร์
Klinik	คลินิก
Markt	ตลาด
Museum	พิพิธภัณฑ์
Restaurant	ร้านอาหาร
Schule	โรงเรียน
Stadion	สนามกีฬา
Theater	โรงละคร
Universität	มหาวิทยาลัย
Zoo	สวนสัตว์

Tage und Monate
วันและเดือน

August	สิงหาคม
Dezember	ธันวาคม
Dienstag	วันอังคาร
Donnerstag	วันพฤหัสบดี
Februar	กุมภาพันธ์
Freitag	วันศุกร์
Jahr	ปี
Januar	มกราคม
Juli	กรกฎาคม
Juni	มิถุนายน
Kalender	ปฏิทิน
Mittwoch	วันพุธ
Monat	เดือน
Montag	วันจันทร์
November	พฤศจิกายน
Oktober	ตุลาคม
Samstag	วันเสาร์
September	กันยายน
Sonntag	วันอาทิตย์
Woche	สัปดาห์

Technologie
เทคโนโลยี

Anzeige	แสดง
Bildschirm	หน้าจอ
Blog	บล็อก
Browser	เบราว์เซอร์
Bytes	ไบต์
Computer	คอมพิวเตอร์
Cursor	เคอร์เซอร์
Datei	ไฟล์
Daten	ข้อมูล
Digital	ดิจิทัล
Forschung	วิจัย
Internet	อินเทอร์เน็ต
Kamera	กล้อง
Nachricht	ข้อความ
Schriftart	แบบอักษร
Sicherheit	ความปลอดภัย
Software	ซอฟต์แวร์
Statistik	สถิติ
Virtuell	เสมือน
Virus	ไวรัส

Urlaub #2
วันหยุด #2

Ausländer	ชาวต่างชาติ
Ausländisch	ต่างชาติ
Berge	ภูเขา
Flughafen	สนามบิน
Fotos	ภาพถ่าย
Freizeit	เวลาว่าง
Hotel	โรงแรม
Insel	เกาะ
Karte	แผนที่
Meer	ทะเล
Reise	การเดินทาง
Restaurant	ร้านอาหาร
Strand	ชายหาด
Taxi	แท็กซี่
Transport	การขนส่ง
Urlaub	วันหยุด
Visum	วีซ่า
Zelt	เต็นท์
Ziel	ปลายทาง
Zug	รถไฟ

Vögel
นก

Adler	อินทรี
Ei	ไข่
Ente	เป็ด
Eule	นกฮูก
Flamingo	ฟลามิงโก
Gans	ห่าน
Huhn	ไก่
Krähe	อีกา
Kuckuck	นกกาเหว่า
Möwe	นางนวล
Papagei	นกแก้ว
Pelikan	นกกระทุง
Pfau	นกยูง
Pinguin	เพนกวิน
Rabe	ราเวน
Reiher	กระสา
Schwan	หงส์
Spatz	กระจอก
Storch	นกกระสา
Taube	นกพิราบ

Wandern
เดินป่า

Berg	ภูเขา
Führer	คำแนะนำ
Gefahren	อันตราย
Karte	แผนที่
Klima	ภูมิอากาศ
Klippe	หน้าผา
Müde	เหนื่อย
Natur	ธรรมชาติ
Orientierung	ปฐมนิเทศ
Schwer	หนัก
Sonne	ดวงอาทิตย์
Steine	หิน
Stiefel	รองเท้าบูท
Tiere	สัตว์
Vorbereitung	การตระเตรียม
Wasser	น้ำ
Wetter	สภาพอากาศ
Wild	ป่า

Wasser
น้ำ

Bewässerung	ชลประทาน
Dampf	ไอน้ำ
Dusche	อาบน้ำ
Eis	น้ำแข็ง
Feucht	ชื้น
Feuchtigkeit	วามชื้น
Fluss	แม่น้ำ
Flut	น้ำท่วม
Geysir	น้ำพุร้อน
Hurrikan	พายุเฮอริเคน
Kanal	คลอง
Monsun	มรสุม
Ozean	มหาสมุทร
Regen	ฝน
Schnee	หิมะ
See	ทะเลสาบ
Trinkbar	ดื่มได้
Verdunstung	การระเหย
Wellen	คลื่น

Wetter
สภาพอากาศ

Atmosphäre	บรรยากาศ
Blitz	ฟ้าผ่า
Brise	บรีซ
Donner	ฟ้าร้อง
Dürre	แล้ง
Eis	น้ำแข็ง
Himmel	ท้องฟ้า
Hurrikan	พายุเฮอริเคน
Klima	สภาพอากาศ
Monsun	มรสุม
Nebel	หมอก
Polar	โพลาร์
Regenbogen	สายรุ้ง
Sturm	พายุ
Temperatur	อุณหภูมิ
Tornado	พายุทอร์นาโด
Trocken	แห้ง
Tropisch	เขตร้อน
Wind	ลม
Wolke	คลาวด์

Wissenschaftliche Disziplinen
สาขาวิชาวิทยาศาสตร์

Archäologie	โบราณคดี
Astronomie	ดาราศาสตร์
Biochemie	ชีวเคมี
Biologie	ชีววิทยา
Botanik	พฤกษศาสตร์
Chemie	เคมี
Geologie	ธรณีวิทยา
Kinesiologie	คิทนีวิทยา
Linguistik	ภาษาศาสตร์
Mechanik	กลศาสตร์
Meteorologie	อุตุนิยมวิทยา
Mineralogie	แร่วิทยา
Neurologie	ประสาทวิทยา
Ökologie	นิเวศวิทยา
Physik	ฟิสิกส์
Physiologie	สรีรวิทยา
Psychologie	จิตวิทยา
Soziologie	สังคมวิทยา
Thermodynamik	อุณหพลศาสตร์
Zoologie	สัตววิทยา

Zahlen
ตัวเลข

Acht	แปด
Achtzehn	สิบแปด
Dezimal	ทศนิยม
Drei	สาม
Dreizehn	สิบสาม
Fünf	ห้า
Fünfzehn	สิบห้า
Neun	เก้า
Neunzehn	สิบเก้า
Null	ศูนย์
Sechs	หก
Sechzehn	สิบหก
Sieben	เจ็ด
Siebzehn	สิบเจ็ด
Vier	สี่
Vierzehn	สิบสี่
Zehn	สิบ
Zwanzig	ยี่สิบ
Zwei	สอง
Zwölf	สิบสอง

Zeit
เวลา

Gestern	เมื่อวาน
Heute	วันนี้
Jahr	ปี
Jahrhundert	ศตวรรษ
Jahrzehnt	ทศวรรษ
Jährlich	ประจำปี
Jetzt	ตอนนี้
Kalender	ปฏิทิน
Minute	นาที
Mittag	เที่ยง
Monat	เดือน
Morgen	เช้า
Nach	หลังจาก
Nacht	กลางคืน
Stunde	ชั่วโมง
Tag	วัน
Uhr	นาฬิกา
Vor	ก่อน
Woche	สัปดาห์
Zukunft	อนาคต

Gratuliere

Sie haben es geschafft !!

Wir hoffen, dass euch dieses Buch genauso viel Spaß gemacht hat wie uns dessen Herstellung. Wir tun unser Bestes, um qualitativ hochwertige Spiele zu erfinden. Diese Rätsel sind auf eine clevere Art und Weise entworfen, damit sie aktiv lernen und daran Vergnügen finden.

Hat ihnen das Buch gefallen ?

Eine einfache Bitte

Unsere Bücher existieren dank der Rezensionen, die sie veröffentlichen. Können sie uns helfen indem sie jetzt eine Meinung hinterlassen ?

Hier ist ein kurzer Link, der Sie zu ihrer Bewertungsseite führt

BestBooksActivity.com/Rezension50

MONSTER HERAUSFÖRDERUNGEN !

Herausförderung 1

Bereit für ihr Bonusspiel? Wir verwenden sie ständig, aber sle sind nicht einfach zu finden. Es sind die **Synonyme** !

Notieren sie 5 Wörter, die sie in den untenstehenden Rätseln (Nummer 21, 36 und 76) entdeckt haben und versuchen sie für jedes Wort 2 Synonyme zu finden .

*Notieren sie 5 Wörter aus **Rätsel 21***

Wörter	Synonym 1	Synonym 2

*Notieren sie 5 Wörter aus **Rätsel 36***

Wörter	Synonym 1	Synonym 2

*Notieren sie 5 Wörter aus **Rätsel 76***

Wörter	Synonym 1	Synonym 2

Herausförderung 2

Jetzt, wo sie warm sind, notieren sie 5 Wörter, die sie in jedem der untenaufgeführten Rätseln entdeckt haben (Nummer 9, 17 und 25) und versuchen sie für jedes Wort 2 Antonyme zu finden. Wie viele davon können sie binnen 20 Minuten finden ?

Notieren sie 5 Wörter aus ***Rätsel 9***

Wörter	Antonym 1	Antonym 2

Notieren sie 5 Wörter aus ***Rätsel 17***

Wörter	Antonym 1	Antonym 2

Notieren sie 5 Wörter aus ***Rätsel 25***

Wörter	Antonym 1	Antonym 2

Herausförderung 3

Wunderbar, diese Monster Herausförderung  wird kein Problem für sie sein !

Bereit für die letzte Herausförderung? Wählen sie ihre 10 Lieblingswörter aus, die sie in einem Rätsel entdeckt haben und notieren sie sie unten.

1.	6.
2.	7.
3.	8.
4.	9.
5.	10.

Die Aufgabe besteht nun darin mit diesen Wörtern und in maximal sechs Sätzen einen Text herzustellen über eine Person, ein Tier oder ein Ort den sie lieben !

Tipp : sie können die letzten leeren Seiten dieses Buches als Entwurf verwenden

Ihr Schreiben :

NOTIZBUCH :

AUF BALDIGES WIEDERSEHEN !

Linguas Classics

www.ingramcontent.com/pod-product-compliance
Lightning Source LLC
Chambersburg PA
CBHW081715120626
46550CB00010B/3138